[漢]何休注　[唐]徐彦疏　[唐]陸德明音義

古本十三經注疏

春秋公羊傳註疏

上海古籍出版社

何休學

八年春王正月公會王人齊侯宋公衛侯許男曹伯陳世子款鄭世子華盟于洮王人者何微者也曷爲序乎諸侯之上先王命也銜王命會諸侯諸侯當北面受之故尊序於上時桓公德衰寗毋之盟常會者不至而陳鄭又遣世子故上假王人之重以自助。洮他刀反【疏】注寗毋云不至。解云在十七年傳也其常會者不至正以衛侯許男已下不至也。注而陳至世子。解云即世子款世子華之屬是也

鄭伯乞盟乞盟者何處其所而請與也以不序也【疏】乞盟者何。解云正以盟是常事自應得與今而言乞故執不知問[illegible]

其處其所而請與奈何蓋酌之也酌挹也時鄭伯欲與楚不肯自來盟處其國遣使挹取其血而請與之約束無汲汲慕中國之心故抑之使若叩頭乞盟者也不錄使者方抑鄭伯使若自來也不盟不爲大惡者古者不盟也。遣使所使反下錄使同【疏】注不盟不爲大惡。解云知非大惡者正以鄭伯不背不絕故也若其是大惡宜如陳佗之賤爵而書名也知古者不盟者桓三年傳云古者不盟結言而退是也

夏狄伐晉。秋七月禘于太廟用致夫人用者何用者不宜用也致者何致者不宜致也禘用致夫人非禮也以致文在廟下不使入廟知非禮也禮夫人始見廟當特祭而因禘諸公廟見欲以省煩勞不謹敬故譏之不日者不用失禮明。大音泰始見賢徧反下同省所景反【疏】用者何。解云欲言失禮而經不明欲言得禮而文言用故執不知問。致者何。解云見夫見廟禮當特祭禘而言致故執不知問。注禮夫至特祭。解云正以三月見廟見期限明其不得因事爲之故知然也。注不日至禮明。解云正以隱五年考仲子之宮下注云失禮鬼神例日然則此亦失禮而不書日故知用在廟下失禮明不勞舉日也。

夫人何以不稱姜氏貶曷為貶据夫人姜氏入不貶疏
注据夫至不貶○解云即莊二十四年八月丁丑夫人姜氏入是也譏以妾為妻也以逆不書
入廟當稱婦姜而稱夫人者夫人當坐篡嫡也妾之事嫡猶臣之事君同○篡嫡初患反下音的下同疏以逆
至不書○解云欲道傳家知以妾為妻者正以初逆不書與栢莊之屬夫人文異故也○入廟當至嫡也○解云言入廟
當稱婦者正以婦者服也對舅姑服從之辭也今而稱夫人作不服之稱明其有篡嫡之心欲得為夫人是以稱之曰夫
人見其當有篡嫡之罪矣猶如桓宣篡弒得即位是以春秋亦如其意書其即位明其本意耳○注妾之事嫡猶臣之與
君同○解云注言此者欲道妾之篡嫡欲得為夫人而春秋書之曰夫人猶如臣子篡君欲得即位而春秋亦書其即位之
義矣其言以妾為妻柰何蓋脅于齊媵女之先
至者也以不致楚女及夫人至皆不書也僖公本聘楚女為嫡齊女為媵齊先致其女脅僖公使用為嫡故
致父母辭言致不書夫人及楚女至者起齊先致其女然後脅魯立也楚女未至而豫廢故皆不得以夫人至書也疏

侯吉刻校

余天礼

注僖公至為媵○解云春秋說文○注故從至言致○解云即成九年夏季孫行父如宋致女是也○注起齊至書也○
解云皆欲道若齊女未至而已脅魯之時可以書其至今先致其女乃後脅魯為夫人其初至之時乃為媵妾是以不得
書其至矣○冬十有二月丁未天王崩惠王也
九年春王三月丁丑宋公禦說卒何以不書
葬為襄公諱也襄公背殯出會宰周公有不子之惡後有征齊憂中國尊周室之心功足
以除惡故諱不書葬使若非背殯也○說音悅為襄于偽反下注為天為桓皆同疏何以不書葬解云正以隱
十一年公薨之下傳云何以不書葬彼注云据莊公書葬然則彼已有解故不重釋○注襄公至周公○解云在下經文
○注後有至殯也○解云即下十八年傳云曷為不使齊主之與襄公之征齊也桓公死豎刁易牙爭權不葬為是故伐
之也是為齊之文也夏公會宰周公齊侯宋子衛侯鄭
伯許男曹伯于葵丘宰周公者何天子之為

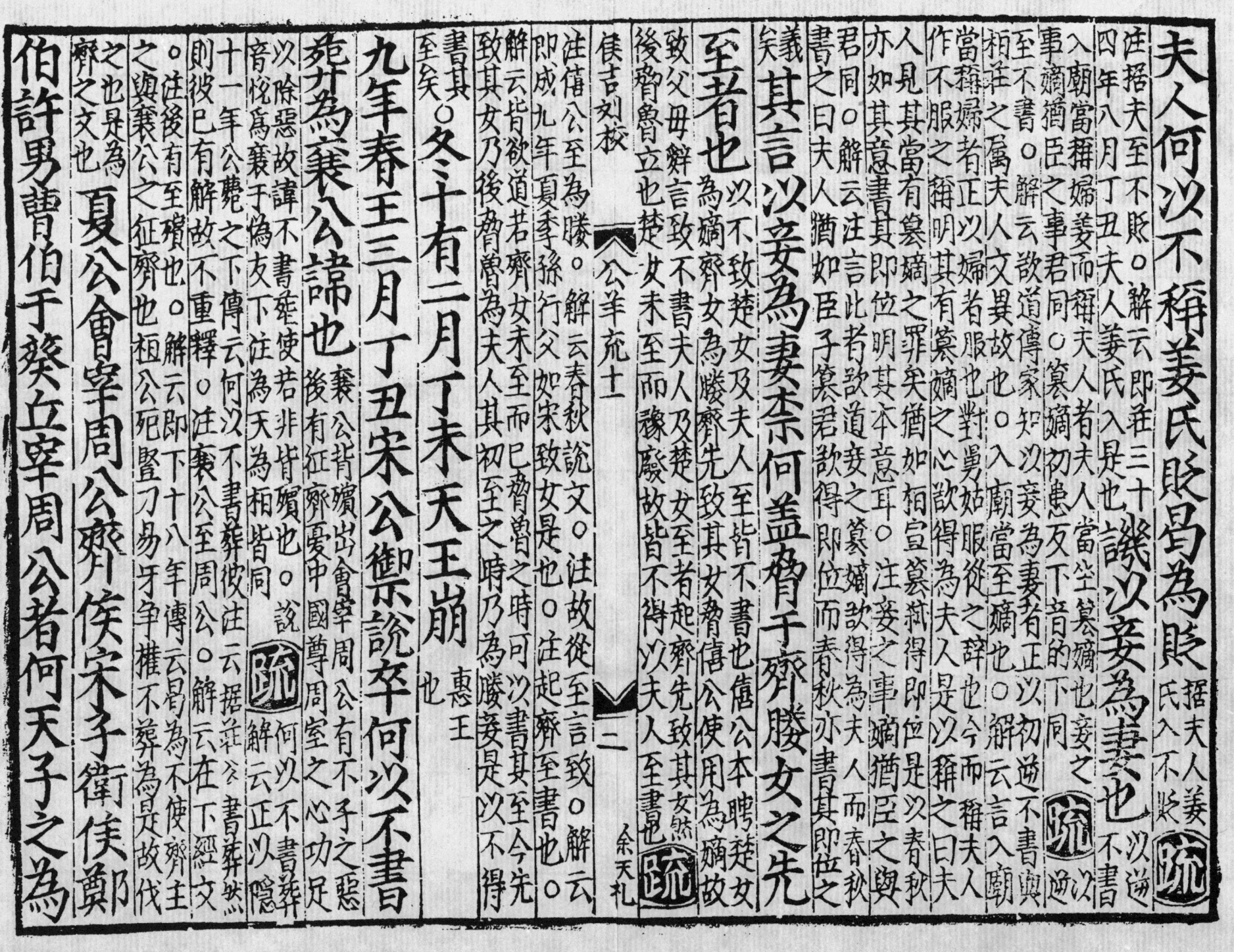

政者也宰猶治也三公之職號尊名也以加宰知其職大尊重當與天子參聽萬機而下為諸侯所會惡不勝其任也宋未葬不稱子某者出會諸侯非尸柩之前故不名○惡不烏路反勝音升

【疏】宰周公者何○解云欲言三公而文加宰欲言卿士經書周公故執不知問○注宰猶治也○解云正以宰者和治之名得為治事之義○注而下至其任也○解云如此注者欲決上五年首戴之會總序諸侯乃言會王世子若以世子為會主致諸侯于此會而會之然也今此宰周公文與彼異故知下為諸侯所會○注宋未葬至不名○解云莊三十二年傳云君存稱世子君薨稱子某既葬稱子踰年稱公然則宋未葬宜稱子某而單稱子者非尸柩之前無父前子名君前臣名之義知宋未葬者正以宋公之卒在上三月下有七月之文當此之特未滿五月是以知其未葬若然案桓公十一年鄭忽出奔傳云忽何以名注云據宋子既葬稱子者正以其非居尸柩前故作既葬之稱非謂葬訖其說在彼○

秋七月乙酉伯姬卒此未適人何以卒據杞叔姬不卒

【疏】此未適人何以卒○解云正以文無所繫知其未適人○注據杞叔姬不卒解云宜作伯姬字即莊二十七年春公會杞伯姬于洮注云伯姬不卒者蓋不與卒于無服此未適人何以卒乎故難之也案春秋之內唯有杞叔姬來歸成八年冬杞叔姬卒更無叔姬不卒之事故知如此解

許嫁矣婦人許嫁字而笄之字者尊而不泄所以遠別也笄者簪也所以繫持髮象男子飾也服此者明繫屬於人所以養貞一也婚禮曰女子許嫁笄而醴之稱字○笄古兮反泄息列反別彼列反簪莊林反

【疏】注字者至遠別也○解云正以字尊於名故言尊而不泄所以遠別者正以內之公子為大夫者卒皆稱名而內女許嫁卒而稱字者所以遠別之故也○注婚禮曰至稱字○解云士婚禮記文彼注云許嫁已受納徵禮也笄女之禮猶冠男也使主婦女賓執其禮是也

死則以成人之喪治之不以殤禮降也許嫁卒者當為諸侯夫人有即貴之漸猶俠卒也日者恩尤重於未命大夫故從諸侯夫人例○俠音協

【疏】注許嫁卒者至夫人○解云則知許嫁於大夫者不卒之何者為大夫妻者賤雖至其家卒猶不書況其許嫁乎○注猶俠卒也○解云在隱九年春三月俠卒彼傳云俠者何吾大夫之未命者也彼注云未命所以卒之者賞疑從重然則未命大夫所以卒之以其將為大夫有即貴之漸賞疑從重故錄之今此許

嫁之女亦有將為諸侯夫人之漸故得書之○注日者至夫
人例○解云以俠卒不日故言日者恩尤重於未命大夫故
從諸侯大人之卒例皆書日成八年冬十月癸
卯杞叔姬卒之屬是也故言從諸侯夫人例 ○九月戊
辰諸侯盟于葵丘桓之盟不日此何以日危
之也何危爾貫澤之會桓公有憂中國之心
不召而至者江人黃人也葵丘之會桓公震
而矜之叛者九國下伐厲善義兵是也會不書者叛 也叛不書者為天子親遣三公會
之而見叛故上為天子下為桓公諱也會盟一 事不舉重者時宰周公不與盟○不頒音豫 疏 貫澤之 會○解
云即上二年秋九月齊侯宋公江人黃人盟于貫是也而此
言于貫澤者蓋地有二名然則案彼經盟此言會者舉其初
會而言也彼直書盟者舉重故也○注下伐至是也○解云
即下十五年秋七月齊師曹師伐厲注云月者善錄厲兵屬
禦兵之會叛天子之命也者是也○注會不至叛也○解云
言厲等九國亦在于會而葵丘之會不書之者以其叛天子

保言刻校 華再友

之命故不錄之但書曹伯以上于會○注會盟至不與盟○
解云正以文十四年公會宋公已下同盟于新城然則彼是
會盟一事舉盟以為重不言會于某今此會盟並舉故須兩
解之言解周公是時實不與盟若言公會宰周公齊侯已下
盟于葵丘則是文害其義不舉盟直書上會會輕於盟失舉
重之例矣以此之故必須兩舉書云諸侯盟于葵丘則知周
公不與 盟矣 震之者何猶曰振振然亢陽 之貌 疏 震之者何 解云欲言
是善而盟書日欲言其惡 賢伯所為故執不知問○矜之者何猶曰莫若我
也色自美 大之貌 疏 矜之者何○解云既名賢伯美見天下而 取夸矜異于本行故執不知問○注色自
美大之貌○解云謂其 顏色自有美大之勢 ○甲戌晉侯詭諸卒不書葬 為殺世
子也○詭 九委反 疏 注不書葬者殺世子也○解云在上五年 春凡君殺無罪大夫例云其葬以絕之 ○
冬晉里克弒其君之子奚齊此未踰年之君
其言弒其君之子奚齊何據弒其君舍不連先君 連名者上不書葬子某

弑君名未明也○殺
其音弑下及注放此【疏】注据弑至先君○解云即文十四
年齊公子商人弑其君舍是也○
注連名至未明也○解云言名未明者弟子本意正欲問弑
其君之子而連奚齊何之者恐人不知奚齊之名為是先君
未葬稱子某以君子般子野之屬是也為是被弑之故稱名
似君諸兒卓子之屬是也是以將名連弑問之欲使後人知
其稱名
之義
殺未踰年君之號也
欲言弑其子奚齊嫌無
君文與殺大夫同欲言
弑其君又嫌與弑成君同故引先君冠子之上則弑未踰年
君之號定而坐之輕重見矣加之者起先君之子不解名者
解言殺從弑名可加也弑未踰年君例當月不月者
不正遇禍終始惡明故略之○冠古亂反見賢徧反【疏】注
則
弑至見矣○解云言罪差於成君與殺大夫異矣○注加之
至之子○解云若不加之嫌是君子為一人故○注不解名
至知也○解云正以傳云弑未踰年君之號止荅上云其言
弑其君之子何之文故云不解名矣既解言弑則書奚齊之
名由弑之故明矣是以不復荅之○注弑未踰至略之○解
云正以隱四年春戊申衛州吁弑其君完注云日者從外赴
辭以賊聞例然則弑成君者例書日即莊八年冬十一月癸
未齊無知弑其君諸兒之屬是弑成君者例既書日知弑未

踰年君當月明矣今
此不月故須解之
十年春王正月公如齊
書如者錄內所與外交接也
故如京師善則月榮之如齊
晉善則月安之如楚則月危之明當尊賢慕大無友不如已
者月者僖公本齊所立桓公德衰見叛獨能念恩朝事之故
善錄
之○【疏】注故如京至榮之○解云即成十三年春三月公
如京師彼注云月者善公尊天子是○注如齊至
安之○解云即襄二十一年春王正月公如晉彼注云月者
溴梁之盟後中国方乖離善公獨能與大国是也○注如楚
則月危之○解云即襄二十八年十一月公如楚彼注云如
楚皆月者危公朝夷狄也必如此注者正以朝聘例時而書
月故須解矣○注明當尊賢慕大○解云正覆如齊晉
則月安之○注無友不如已○解云覆如楚則月危之○
狄
滅溫○溫子奔衛○晉里克弑其君卓子及
其大夫荀息及者何累也弑君多矣舍此無
累者乎曰有孔父仇牧皆累也舍孔父仇牧

[illegible]

其大夫[illegible]

滅[illegible]○[illegible]三年春[illegible]衛○[illegible]

[illegible]

十有[illegible]年春王正月公如齊[illegible]

[illegible]

無累者乎曰有有則此何以書賢也何賢乎荀息据與孔父同○君卓子勑角反又丁角反左氏經無子字舍音捨下同疏及者何○解云君之與臣尊卑異等今而言及故執不知問○累也○解云桓二年注云累累從君而死齊人語也則彼已有解故此處不復注之○曰有○解云桓二年注云叔仲惠伯是也○何賢乎註据與孔父同○解云桓二年傳云何賢乎孔父注云据叔仲惠伯不賢然則此言据與孔父同者謂與孔父同据叔仲惠伯矣荀息可謂不食其言矣不食言者不如食受之而消亡之以奚齊卓子皆立疏注以奚至皆立○解云欲指不食無言之事狀矣○其不食其言奈何奚齊卓子者驪姬之子也荀息傳焉禮諸侯之子八歲受之少傅教之以小學業小道焉履小節焉十五受大傅教之以大學業大道焉履大節焉○驪力知反少詩照反大傅音泰疏註禮諸侯至節焉○解云皆藝文志文也注云小道小節正謂始甲典覓師受業大道大節謂傳習盡誠也驪姬者國色也其顔色○國之選○選息戀反獻公愛之甚欲立其子於是殺世子

申生申生者里克傅之獻公病將死謂荀息曰士何如則可謂之信矣獻公自知廢正當有後患欲託二子於荀息故動之云爾荀息對曰使死者反生生者不愧乎其言則可謂信矣荀息察言觀色知獻公欲為奚齊卓子来動已故荅之云爾○欲為于偽反下文為文公不為故為皆同獻公死奚齊立里克謂荀息曰君殺正而立不正廢長而立幼長謂重耳○長丁丈反注同○如之何願與子慮之荀息曰君嘗訊臣矣上問下曰訊言臣者明君臣相與言不可負○訊音信上問曰下訊臣對曰使死者反生生者不愧乎其言則可謂信矣里克知其不可

與謀退弑奚齊荀息立卓子里克弑卓子荀息死之荀息可謂不食其言矣起時莫不背死鄉生去殿與成荀息一受君命終身死之故言及與孔父同義不日者不正遇禍終始惡明故略之。背音佩鄉許亮反【疏】注故言至同義。解云桓二年宋督弑其君與夷及其大夫孔父彼注云言及者使上及其君若附大國以名通明當封爲附傳不絶其祀所以重社稷之臣也今荀息一受君命終身死之盖言及亦使上及其君若附大國以名通明當封爲附庸不絶其祀所以重社稷之臣故云與孔父同義。注不日者至故略之。解云正以成君見弑者例書日今此不日故解之。

。夏齊侯許男伐北戎。晉殺其大夫里克里克弑二君則曷爲不以討賊之辭言之據衛人殺州吁【疏】注據衛人殺州吁。解云即隱四年九月衛人殺州吁于濮是也惠公之大夫也惠公篡立已定晉國君臣合爲一體無所復責故曰此乃惠公之大夫安得以討賊之辭言之。所復扶又反下同然則孰立惠公欲難殺之意。難乃旦反里克也里克弑奚齊卓子逆惠公而入里克立惠公則惠公曷爲殺之惠公曰爾既殺夫二孺子矣孺子小子也奚齊卓子時皆幼小。夫音扶孺如住反。又將圖寡人如我有不可將復圖我如二孺子。爲爾君者不亦病乎於是殺之然則曷爲不言惠公之入据齊小白入于齊晉之不言出入者踊爲文公諱也踊豫也齊人語若關西言渾矣獻公殺申生文公與惠公恐見及出奔不子當絶還入爲篡文公功足以并掩前人之惡故惠公入懷公入渾皆不書悉爲文公諱故也爲文公諱者欲明文公之功大也語在下懷公者惠公子也惠公卒懷公立而秦納文公故出奔惠公文公出奔不書者非命嗣也。踊音勇豫也言渾戸昆反又戸本反下同【疏】注文公與惠公至嗣也。解云正以同姓之臣尚無去義況於兄子乎且惠公文公庶子

本頁不同[illegible]

文公事也[illegible]

襄公之人[illegible]

[illegible]

襄公[illegible]

[illegible]

假令不去亦不殺之故知去父宜當絕矣齊小白入于齊則曷為不為桓公諱桓公之享國也長享食美見乎天下故不為之諱本惡也文公之享國也短美未見乎天下故為之諱本惡也桓公功大善惡相除足封有餘載然為天下所知文公功少嫌未足除身篡而有封功故為之諱并不言惠公讓公出入者明非徒足以除身篡而已有足封之明載也美不知桓公之功大○美見賢徧反下同較然音角下同○秋七月○冬大雨雹何以書記異也夫人專愛之所生也雨于付反雹步角反疏冬大雨雹○解云左氏作雹○注夫人專愛之所生也○解云嚴嫚楚女而專取君愛故生此雹災

十有一年春晉殺其大夫丕鄭父○丕普悲反疏丕鄭父○解云左氏經無父字○夏公及夫人姜氏會齊侯于陽穀○秋八月大雩公與夫人出會不恤民之應○冬楚人伐黄

一八公疏十一

十有二年春王三月庚午日有食之是後楚滅黄狄侵衞疏注是後楚滅黄○解云在今年夏注狄侵衞○解云在十三年春○夏楚人滅黄○秋七月○冬十有二月丁丑陳侯處臼卒處曰左氏作杵臼疏夏楚人滅黄○解云莊十年冬十月齊師滅譚十三年夏六月齊人滅遂然則滅例月而此不月者所傳聞之世始錄夷狄滅小國也

十有三年春狄侵衞○夏四月葬陳宣公○公會齊侯宋公陳侯衞侯鄭伯許男曹伯于鹹桓公自貫澤陽穀之會後所以不復舉小國者欲一法之後小國言從令行大國唯曹許以上乃會○鹹音咸不復扶又反下同○秋九月大雩由陽穀之會不恤民復會于鹹滅緣陵須雩之應疏

注由陽至之應。解云謂上十一年夏公及夫人姜氏會齊侯于陽穀是。冬公子友如齊

十有四年春諸侯城緣陵孰城之諸侯不序故問誰城疏注諸侯至誰城。解云案上二年春王正月城楚丘傳云孰城之彼注云据內城不月故問之然彼經書月故得此解此經不月傳云孰城之漫道諸侯無所指据緣陵之號由來未有故惟而問之。

城杞也曷爲城杞滅也孰滅之蓋徐莒脅之以下皆狄徐也言脅者杞王者之後尤微是見恐曷而亡。恐丘勇反曷火葛反疏注以下至曷而亡。解云即下十五年冬楚人敗徐于婁林注云謂之徐者爲滅杞不知尊先聖法度惡重故狄之也文七年冬徐伐莒彼注云謂之徐者前共滅王者後不知尊先聖法度今自先犯文對事連可以起同惡莒在下不得狄故復狄徐也一罪兩狄者明爲莒狄之尒是也

曷爲不言徐莒脅之爲桓公諱也曷爲爲桓公諱上無天子下無方伯天下諸侯有相滅亡者桓

公不能救則桓公恥之也然則孰城之桓公城之曷爲不言桓公城之不與諸侯專封也曷爲不與實與而文不與文曷爲不與諸侯之義不得專封也諸侯之義不得專封則其曰實與之何上無天子下無方伯天下諸侯有相滅亡者力能救之則救之可也輒發傳者與城衛同義言諸侯者時桓公德衰待諸侯然後乃能存之外城不月者文言諸侯非內城明矣。爲桓于僞反下爲桓爲天下并注臣爲同疏注外城至明矣。解云正以隱七年夏城中丘襄十九年冬城西郛城武城之屬是內城不月外城月者即上元年夏六月城邢二年春王正月城楚丘之屬是也今外不月正以文言諸侯非內城可知故省文亦昭三十二年冬城成周不月蓋以城天子與內同。夏六月季姬及鄫子遇于

[illegible]

○𦝫許乙反注同背音佩〔疏〕注不月至篡也○解云正以大国之卒例合書日即隱八年夏六月己亥蔡侯考父卒之屬是也今此反不月者故言略之甚也其父者即蔡侯獻武莊公十年為楚所獲而卒於楚故謂楚為父雠上四年齊侯已下侵蔡蔡潰遂伐楚是其背中国附父雠之事

十有五年春王正月公如齊月者善公既能念恩尊事齊桓又合古五年一朝之義故録之〔疏〕注月者至齊桓○解云即上十年春王正月公如齊彼注云月者僖公本齊所立桓公德襄見叛獨能念恩朝事之故善録之故也○注又合至録之解云何氏以為古者天子五年一巡守諸侯亦五年一朝天子分天子諸侯為五部部朝一年五年而徧其小国事大国亦然故以十年朝齊今又往朝是為合古桓元年傳云諸侯時朝乎天子天子之郊諸侯皆有朝宿之邑焉注云緣臣子之心莫不欲朝朝莫夕王者與諸侯別治勢不得自專朝故即位比年使大夫小聘三年使上卿大聘四年又使大夫小聘五年一朝王者亦貴得天下之歡心以事其先王因助祭以述其職故分四方諸侯為五部部有四輩輩主一時孝經曰四海之内各以其職來助祭尚書云群后四朝敷奏以言

明試以功車服以庸是也○楚人伐徐○三月公會齊侯宋公陳侯衛侯鄭伯子男曹伯盟于牡丘遂次于匡○公孫敖率師及諸侯之大夫救徐言次者刺諸侯緩於人恩既約救徐而生事止次不自往遣大夫往卒不能解也大夫不序者起會上大夫君已目故臣凡也内獨出名氏者臣不得因君殊尊省文別尊卑也○別彼○〔疏〕注臣不至省文○解云正以上言公會齊侯以下是殊尊魯之文今若不舉内大夫名氏即因君卿者殊尊之經而省文○夏五月日有食之是後秦獲晉侯齊桓公卒楚執宋公霸道衰中国微弱之應○秋七月齊師曹師伐厲月者善録義兵厲葵丘之會叛天子之命也曹稱師者桓公霸道衰曹獨能從之征伐不義故褒之所以勸急不能扶助覇功激揚解惰也○厲如字舊音賴激古歷反解古賣反惰也徒卧反〔疏〕注月者善録義兵○解云正以侵伐例時故也其例時者即上十一年冬楚人伐黄之屬是也○八月螟公久出煩擾之

所生○蠓之戒反○九月公至自會桓公之會不致此何以致据柯之會不致久也乂暴師衆過三時○暴步卜反○季姬歸于鄫○己卯晦震夷伯之廟晦者何冥也書日而冥○冥亡丁反又亡定反注同【疏】晦者何○解云欲言月晦例所不書欲言書冥亦非常録故執不知問震之者何雷電擊夷伯之廟者也夷伯者曷為者也季氏之孚也孚信也季氏所信任臣【疏】震之者何○解云欲言天震文不言天欲言地震又無地稱故執不知問加之者以震有二種故也且避問輕重兩舉云云之説在隱九年

季氏之孚則微者其稱夷伯何大之也曷為大之据陽虎稱盜【疏】注据陽虎稱盜○解云即是八年盜竊寶玉大弓是也天戒之故大之也明此非但為微者異乃公家之至戒故尊大之使稱字過于大夫以起之所以畏天命孔子曰君子有三畏畏天命畏大人畏聖人之言何以書記異也此象桓公德衰彊楚以邪勝正僖公蔽於季氏季氏蔽於陪臣陪臣見信得權僭立大夫廟天意若曰蔽公室者是人也當去之○去起呂反○冬宋人伐曹○楚人敗徐于婁林謂之徐者為滅杞不知尊先聖法度惡重故狄之也不月者畧兩夷狄也○為于偽反【疏】注不月至狄也○解云正以敗例書月即莊十年春王正月公敗齊師于長勺秋九月荊敗蔡師于莘是也以其非兩夷故書月○十有一月壬戌晉侯及秦伯戰于韓獲晉侯此偏戰也何以不言師敗績据泓之戰言宋師敗績○泓烏宏反君獲不言師敗績也舉君獲為重也釋不書者以獲君為惡書者以惡見獲與獲人君者皆當絶也主書者從獲人例○惡烏路反【疏】注釋不書至人例○解云正决二十一年釋宋公之經矣然莊十年荊敗蔡師于莘以蔡侯獻舞歸傳云曷為不言其獲不與夷狄之獲中國也然則秦楚同類得獲晉侯者正以爵稱伯非真夷狄故與楚異

十有六年春王正月戊申朔霣石于宋五是月六鷁退飛過宋都曷為先言霣而後言石據星霣後言霣。十六年本或從此下別為卷案七志七録何注此十一卷公羊以閔附莊故也後人以僖卷大輒分之尔霣于敏反是月如字或一音徒兮反六鷁五歷反水鳥疏注據星霣後言霣。解云即莊七年夜中星霣如雨是也

霣石記聞聞其磌然視之則石察之則五

是月者何僅逮是月也是月邊也魯人語也在正月之幾盡故曰劣及是月也磌然之人反又大年反聲響也一音芳君反本或作砰八耕反僅其靳反劣也逮音代又大計反及也幾音祈疏是月者何。解云正以言異常例故執不知問。注是月至語也。解云案上十年傳云踊為文公諱何氏云踊豫也齊人語若關西言渾矣是以春秋之內於此乎悉解為齊人語而此一文獨為魯人語者以是經文孔子作之孔子魯人故知魯人語彼皆是諸傳文乃胡母生公羊氏皆為齊人欲解為齊人語注在正月之幾盡者謂晦日乃在正月之欲盡矣

候吉劉校

何以不日據五石言日。疏注據五石言日。解云等是災異何故五石書言戊申朔而六鷁不書日乎故難之

晦日也凡災異晦日不日日食是也日食嘗於晦朔不日晦可知也六鷁無常故言是月以起晦也疏注凡災至不日。解云即莊十八年三月日有食之之屬是也今此亦晦故不書日。注日食至起晦也。解云案隱三年王二月己巳日有食之傳云日食則曷為或日或不日或言朔或不言朔曰某月某日朔日有食之者食正朔也注云桓三年秋七月壬辰朔日有食之是也傳又云其或日或不日或失之前或失之後失之前者朔在前也注云謂二日食己巳日有食之是也傳又云失之後者朔在後也注又云謂晦日食莊十八年三月日有食之是也然則日食亦有二日食此注何言日食常於晦朔乎二日食者雖非正朔若欲比晦言之亦得謂之朔矣言若正朔食朔日並言若二日食則言日則知日朔並不言是晦日明矣故云不日晦可知也

晦則何以不言晦據上言朔春秋不書晦也事當日者日平居無他卓佹無所求取言晦朔也趡盟奚戰是也。佹尤委反趡翠軌反疏注平居無他卓佹。解云謂無他卓異佹戾平常之事也。注無所至戰

是也○解云即桓十七年二月丙午及邾婁儀父盟于趡春秋說以為二月晦矣五月丙午及齊侯戰于奚春秋說以為五月之朔也然則此傳云春秋不書晦謂平常之事下文朔有事則書晦雖有事不書者謂卓佹之事合書晦朔矣

朔有事則書重始故書以録事若泓之戰及此皆是也疏注若泓至是也○解云即下二十二年冬十有一月己巳朔宋公及楚人戰于泓及此經皆書朔是其卓佹之事書朔也

晦雖有事不書重始而終自正故不復書以録事○不復扶又反下同

曷為先言六而後言鷁據霣石後言五

六鷁退飛記見也視之則六察之則鷁徐而察之則退飛鷁小而飛高故視之如此事勢然也宋都者宋國所治也人所聚曰都言過宋都者時獨過宋都退飛○所治直吏反

五石六鷁何以書記異也外異不書此何以書為王者之後記異也王者之後有亡徵非親王安存之象故重録為戒記災異也石者陰德之專者也鷁者鳥中之耿介者皆有似宋襄公之行襄欲行霸事不納公子目夷之謀事事耿介自用卒以五年見執六年終敗如五石六鷁之數天之與人昭昭著明甚可畏也於晦朔者示其立功善甫始而敗將不克終故詳録天意也○為王于偽反注同耿介音戒之行下孟反○疏注卒以五年見執○解云即下二十一年執宋公以伐宋是計有六年而言五年者据實日月言之以合五石之數故也又六年終敗者即下二十二年戰于泓宋師敗績是也計有七年而言六年者如上說○注天之與人至畏也者解云春秋說文也

侯吉刻梭

余天礼

○三月壬申公子季友卒其稱季友何據翬戰名不稱季來歸不稱反疏注据翬至稱季○解云即上元年冬十月壬午公子友帥師敗莒師于犂是也○注来歸不稱友解云閔二年季子来歸是也

賢也閔公不書葬故復於卒賢之明季子當蒙討慶父之功遏牙存國終當録也不稱子者上歸本當稱字起事言子○疏注閔公至録也○解云正以君弒賊不討惡臣子不討賊君喪無所繫注前閔公不書葬恐季子有甚懸故書字見其賢○注不稱子至言子○解云即閔元年歸之下注云不稱季友者明齊繼魯本感落姑之託故令與高子俱稱子起其事是也○

夏四月丙

申鄫季姬卒○秋七月甲子公孫茲卒日者僖公賢君宜有恩禮於大夫故皆日也一年喪骨肉三人故曰痛之疏注日者至皆日也○解云以所傳聞之世大夫之卒不問有罪以否例不日隱元年十二月公子益師卒是也今此季友公孫茲之卒皆書日者正以賢君宜有恩禮於大夫故也然則言皆者皆季友與公孫茲也其鄫季姬之卒例自合日即上九年秋七月乙酉伯姬卒之屬是也○注一年至痛之○解云言由其是賢君故宜痛骨肉之卒若直見是賢君宜有禮于大夫但當見季一人書日故知宜痛其頻死故也。

冬十有二月公會齊侯宋公陳侯衛侯鄭伯許男邢侯曹伯于淮月者危桓公德衰任豎刀易牙墮功滅項自此始也○墮許規反疏注月者至此始也○解云正以盟會之例大信書時今而書月故如此解知任豎刀易牙者下十八年傳文言墮功滅項者謂墮毀覇功而滅項即下十七年夏滅項是也

十有七年春齊人徐人伐英氏稱氏者春秋前黜稱氏也伐國而舍氏言之者非主名故伐之得從國舉疏注伐國至主名○解云若其主名即爵等是也○夏滅項孰滅之齊滅之以言滅知非内也以不諱知齊滅○項户講反國名疏注以言滅知非内也○解云案經直言滅不載主名何知非内滅之正以春秋之例内大惡諱今言滅知非内矣○以不諱知齊滅○解云春秋之例為賢者諱故上十二年楚人滅黄不為諱今諱不言齊人故知齊滅之曷為不言齊滅之据齊師滅譚疏注据齊師滅譚○解云在莊十年冬也為桓公諱也春秋為賢者諱此滅人之國何賢爾君子之惡惡也疾始絶其始則不得終其惡○為桓于為反下及注同惡惡並如字一讀上烏路反善善也樂終樂賢者終其行○行下孟反桓公嘗有繼絶立僖公也疏注立僖公也○解云即元年是也存亡之功存邢衛杞疏注存邢衛杞○解云存邢上元年城邢是也存衛上二年城楚丘是也存杞上十四年城緣陵是也故君子為之諱

[illegible]

[illegible]

[illegible]善善也[illegible]

[illegible]

也春秋為賢者諱此滅人之國何賢爾[illegible]

齊滅之[illegible]

[illegible]

[illegible]滅之[illegible]

[illegible]

[illegible]

十有七年春齊人徐人伐英氏[illegible]

[illegible]

鄭伯許男邢侯曹伯于淮[illegible]

○冬十有二月公會齊侯宋公陳侯衛侯[illegible]

[illegible]

[illegible]

[illegible]○秋七月甲子公孫茲卒[illegible]

也言嘗者時桓公德衰功廢而滅人嫌當坐故上述所當盛美而為之諱所以尊其德彰其功傳不言服楚獨舉繼絕存亡者明繼絕存亡足以除殺子糾滅譚遂項覆終身之惡服楚功在覆蓋惡之表所以封桓公名當如其事也不月者桓公不坐滅略小國

疏注傳不言服楚至亡者○解云其服楚在上四年傳云曷為再言盟喜服楚也是也○注明繼至身之惡○解云殺子糾者即莊九年九月取子糾殺之是也滅譚即莊十年冬十月齊師滅譚是也其滅遂者即莊十三年夏六月齊人滅遂是也以繼絕除殺子糾以存三亡國除其三滅故云覆終身之惡○注服楚至事也○解云即莊九年齊小白入于齊是其篡文也而言之表者取以蓋藏之○注不月至小國○解云言滅國例書月者惡其篡而罪之今桓公功足除其滅是以不月故云不坐滅也而滅譚滅遂皆月者是特未足以覆之也畧小國者欲道既諱不言齊知是誰滅而不書月又以畧小國故也

○秋夫人姜氏會齊于卞○卞皮彥反○九月公至自會○十有二月乙亥齊侯小白卒

候吉劉校

十有八年春王正月宋公會曹伯衛人邾婁人伐齊月者與襄公之征齊善錄義兵

疏注月者至征齊○解云正以侵伐例時故也戰不言伐者莊十年師辭故難之

○夏師救齊○五月戊寅宋師及齊師戰于甗齊師敗績戰不言伐此其言伐何宋公與伐而不與戰故言伐春秋伐者為客伐者為主曷為不使齊主之據甲寅衛人及齊人戰○甗魚輦反又音言與伐音預下不與同○

疏宋公至故言伐○解云謂宋公但與伐而不與戰故不得舉重是以兩舉之○注據甲至人戰○解云即莊二十八年春王三月甲寅齊人伐衛衛人及齊人戰衛人敗績傳云春秋伐者為客伐者為主故使衛主之也彼注云戰序上言及者為主是也

與襄公之征齊也曷為與襄公之征齊據齊桓公霸者猶不與征衛

疏與襄公之征齊也○解云謂使

人而執者非伯討也今此不稱侯故辭之○注月者録責之
解云正以執例書時即上四年夏齊人執陳袁濤塗五年冬
晉人執虞公之類是也
今此書月者録責之也○夏六月宋人曹人邾婁
人盟于曹南因本會于曹南盟故以地實邾婁說在下疏注因本至在下解云言此盟之
前相與于曹南矣其實此盟在邾婁故言實邾婁矣鄫子會于邾婁其言會
盟何据言諸侯會盟不録及曹伯襄言會諸侯疏注据外至會諸侯○解云舊本皆無及字言外諸侯
會盟不録者正以竟春秋上下無外諸侯會盟之文若存及宜下句讀之後會也說與會伐宋同義君不會
大夫刺後會者起實君也地以邾婁者起為邾婁事也不言
君者為襄公諱也魯本許嫁季姬於邾婁季姬淫泆使鄫子
請已而許之二國交忿襄公為此盟欲和解之既在人間反
為邾婁所欺執用鄫子恥辱加於宋無異故没襄公使若微
者也不於上地以邾婁者深為襄公諱使若不為邾婁事盟
而鄫子自就邾婁為所執者也上盟不日者深順諱文從微
者洞使若下執不以上盟為辨也會盟不日
者言會盟不信已明無取於日自其正文也疏注說與會伐宋同義

解云即莊十四年春齊人陳人曹人伐宋夏單伯會伐宋傳
云其言會伐宋何後會也彼注云本期而後故但舉會書者
刺其不信○注君不會大夫○解云案莊九年春公及齊大
夫盟于暨傳云公曷為與大夫盟齊無君也然則何以不名
為其諱與大夫盟也使若衆然又莊二十二年秋及齊高傒
盟于防傳云公曷為不言公諱與大夫盟也皆是君不會大夫
之辭○注起實君也○解云言起上宋人曹人之屬實是宋
公曹伯耳○注地以邾婁○解云正以二十八年夏公會晉
侯以下盟于踐土陳侯如會傳云其言如會何後會也然則
彼言陳侯如會此亦宜言鄫子如會而言于邾婁起為邾婁
事也○注不言君者○解云上曹南之盟不言宋公等是也
○注季姬淫泆至微者也○解云即上十四年夏六月季姬
及鄫子遇于防使鄫子來朝傳云鄫子曷為使乎季姬來朝
內辭也非使外朝使來請已也○注不於上至執者也○解
云上經云盟于曹南者實是盟于邾婁故以此解之所以不
於上經地以邾婁者深為襄公諱使若不為邾婁事盟而鄫
子自就邾婁所見執者也○注上盟不至日者○解云春秋
上下微者之盟例皆書時而下文冬會陳人蔡人楚人鄭人
盟于齊之屬是今此乃以不日為微者例者正以宋襄賢君
雖使微者有可采取故宜書月隱元年注云微者盟例時不

能專正故貴略之此月者隱公賢君雖使微者有可采取故錄也是也。注會盟至正文也。解云正以春秋之例不信者日故也言自其正文也者謂既言會盟即是不信之正文不勞書日以見己酉邾婁人執鄫子用之惡乎用之用之社也其用之社奈何蓋叩其鼻以血社也惡無道也不言社者本無用人之道言用之已重矣故絕其所見處也日者魯不能防正其女以至於此明當痛其禍而自責之。惡乎音烏惡無烏路反用處昌慮反疏注日者魯至自責之。解云正以凡執例時即上四年夏齊人執陳袁濤塗之屬是也今日故解之。秋宋人圍曹。衛人伐邢。冬公會陳人蔡人楚人鄭人盟于齊因宋征齊有隙爲此盟也是後楚遂得中國霸之會執宋公。疏注因宋征至執宋公。解云謂上十八年襄公征齊與宋有間隙齊遂構會諸侯之人而爲此盟以謀宋矣霸之會執宋公即下二十一年秋宋公楚子陳侯蔡侯鄭伯許男曹伯會于霍執宋公以伐宋是也。梁亡此未

有伐者其言梁亡何据蔡潰以自潰爲文舉侵也疏注据蔡至侵也。解云即上四年春公會齊侯云云侵蔡蔡潰是也自亡也其自亡奈何魚爛而亡也梁君隆刑峻法一家犯罪四家坐之一國之中無不被刑者百姓一旦相率俱去狀若魚爛魚爛從內發故云爾者其自亡者明百姓得去之君當絕者疏魚爛而亡也。注梁君至絕者。史記春秋說有此文也二十年春新作南門何以書譏何譏爾門有古常也惡奢泰不奉古制常法。惡烏路反疏注惡奢至常法。解云言其直是奢泰不依古法非僭天子也隱五年傳云始僭諸侯昉於此乎前此矣前此則曷爲始乎此僭諸公猶可言也僭天子不可言也定二年雉門及兩觀災之下何氏云立雉門兩觀不書者僭天子不可言雖在春秋中猶不書然則此新作南門書之知不僭天子也。夏郜子來朝郜子者何宋有存文繫不名故執不知問。郜古報反姬姓之國。疏注宋有至知問。解云桓二年夏四月取郜下同。大鼎于宋隱二年傳云始滅昉於此乎前此矣

何氏云前此者在春秋前謂宋滅郜是也然則宋人滅郜在
春秋之前是以桓二年取郜大鼎于宋自尒以來不見存在
之文若然則是失地之君但合
書名而來朝不名故執不知問 失地之君也何以不
名 據郜穀名（疏）注據郜穀名。解云即上七年夏穀伯綏來
朝鄧侯吾離來朝傳云此何以名失地之君
也是也 兄弟辭也 郜魯之同姓故不忍言其絕賤明當
尊偶之異於郜穀也書者喜內見歸（疏）
注不忍至絕賤。解云即不書其名是也何者若非兄弟宜
書其名絕而賤之。注明當至見歸。解云正以穀鄧書名
而此不名也。五月乙巳西宮災西宮者何小寢也
小寢則曷爲謂之西宮有西宮則有東宮矣
魯子曰以有西宮亦知諸侯之有三宮也 西宮
者小寢內室楚女所居也禮諸侯娶三國女以楚女居西宮
知二國女於小寢內各有一宮也故云爾禮夫人居中宮少
在前右媵居西宮左
媵居東宮少在後。（疏）西宮者何。解云欲言是廟不書
其謚欲言居寢而書宮舉災故執

不知問。注西宮者至云爾。解云案襄九年春宋火傳云
曷爲或言災或言火大者曰災小者曰火何氏云大者謂正
寢社稷宗廟朝廷也此西宮者小寢內室楚女所居也何故
不言火而書災故傳又云內何以不言火內不言火者甚之
也彼注云春秋以內爲天下法動作當先自克責故小有火
如大有災是以雖小言災耳。禮夫人居中宮。解云王者
之制也 西宮災何以書記異也 是時僖公爲齊所脅以
齊媵爲嫡楚女廢在西
宮而不見恤悲愁怨曠之所生也言西宮不繫小寢者小寢
夫人所統妾之所繫也天意若曰楚女本當爲夫人不當繫
於齊女故經亦云爾。
爲適丁歷反又作嫡。鄭人入滑。秋齊人狄
人盟于邢 狄稱人者能
常與中國也。冬楚人伐隨 叛楚
故也
二十有一年春狄侵衛 貶狄者爲犯中國諱。爲于
僞反下不爲襄下文爲執皆
同。宋人齊人楚人盟于鹿上。夏大旱何
以書記災也 新作南門
之所生。狄宋公楚子陳侯蔡

侯鄭伯許男曹伯會于霍執宋公以伐宋孰執之楚子執之以下獻捷賤霍左氏作盂〔疏〕會于霍。解云左氏作盂穀梁作雩蓋誤或所見異。注以下獻捷賤。解云即下文冬楚人使宜申來獻捷傳云此楚子也其稱人何貶曷爲貶爲執宋公貶是也

曷爲不言楚子執之据溴梁盟下執莒子邾婁子復出晉人也。溴古闃反〔疏〕注据溴梁盟。解云即襄十六年春公會晉侯宋公以下于溴梁晉人執莒子邾婁子以歸是也

不與夷狄之執中國也不與執爲重復與伐者劫質諸侯求其國事當起也不爲襄公諱者守信見執無恥說在下也〔疏〕注劫質諸侯。解云言劫諸侯以爲質而求其國事當起也是以執伐兩舉見其外貪利也下云楚人謂宋人曰子不與我國吾將殺子君矣是也。

冬公伐邾婁。楚人使宜申來獻捷此楚子也其稱人何据稱使知楚子貶曷爲貶据齊侯獻戎捷不貶爲執宋公貶曷爲爲執宋公貶

据上已溴不與執中國宋公與楚子期以乘車之會蓋鹿上之盟〔疏〕注蓋鹿上之盟。解云即上文春宋人齊人楚人盟于鹿上是也言鹿上盟爲此約

公子目夷諫曰楚夷國也彊而無義請君以兵車之會往宋公曰不可吾與之約以乘車之會自我爲之自我墮之曰不可終以乘車之會往楚人果伏兵車執宋公以伐宋詐諼劫質諸侯求其國當絕故貶。墮許規反諼音許諼反詐也又音諼

宋公謂公子目夷曰子歸守國矣國子之國也吾不從子之言以至乎此公子目夷復曰君雖不言國國固臣之國也所以堅宋公意絕彊楚之望〔疏〕君雖不言國。解云即言君假令不道是臣之國亦國當是爲臣之國矣所以堅宋公意欲使宋公乃心

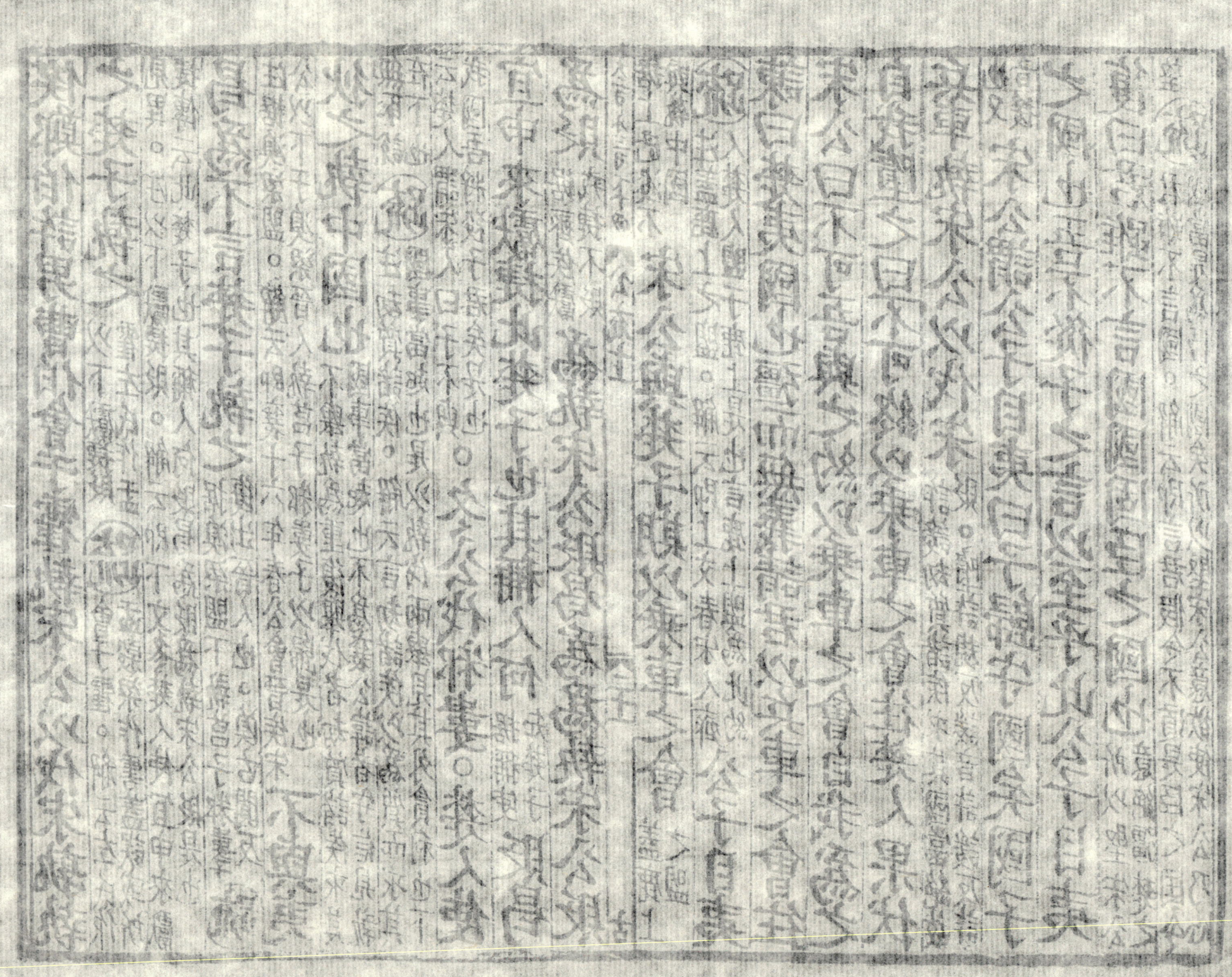

在楚不急求還。注絕強楚之望。解云欲絕楚人使知宋雖取不復望之於是歸設守械

而守國楚人謂宋人曰子不與我國吾將殺

子君矣宋人應之曰吾賴社稷之神靈吾國

已有君矣楚人知雖殺宋公猶不得宋國於

是釋宋公宋公釋乎執走之衛襄公本謂公子目夷曰國子之國也

宋公挽前語故慙不忍反走之衛不書者執解而往非出奔也。守手又反又如字應應對之應疏注走之衛

至奔也。解云正決襄十四年夏衛侯衎出奔齊也公子目夷復曰國爲君

守之君曷爲不入然後逆襄公歸凡出奔歸書執獲歸不書

者出奔已失國故錄還應盜國與執獲者異臣下尚隨君事之未失國不應盜國無爲錄也。上國爲于僞反下爲襄爲公

子注爲沒故爲皆同疏注凡出奔至爲錄也。解云正以桓十五年夏鄭伯突云云然傳云曷爲或言歸或言復

歸復歸者出惡歸無惡復入者出無惡入有惡入者出入惡歸者出入無惡不應盜國盜國即入與復入是也春秋皆錄

其歸以別之其執獲而歸不書者本未失國無義可著何錄之有案下二十八年三月丙午晉侯入曹執曹伯畀宋人冬

曹伯襄復歸于曹晉人執衛侯歸之于京師三十年衛侯鄭歸于衛哀七年秋公伐邾婁八月己酉入邾婁以邾婁子益

來八年夏歸邾婁子益于邾婁然則三者皆執獲而歸所以書之者曹伯之下注云執歸不書書者名惡當見其曹伯名

者刺天子歸有罪也衛侯歸下注爲殺叔武惡天子歸有罪也執歸不書主書者名惡當見也邾婁子益之下注云善魯

能悔過歸之惡乎捷捷乎宋以上言伐宋。惡音烏曷爲不言捷

乎宋據戎捷也爲襄公諱也襄公本會楚欲行霸憂中國也不用目夷之言而見詐執

伐宋幾亡其國故諱爲沒國文所以申善志不月者因起其事。幾音祈疏注不月者因起其事。解云正以獻

戎捷書六月也起事者正以春秋之義滅國例月莊十年冬十月齊師滅譚十三年夏六月齊人滅遂之類是也今此宋

公幾亡國是以爲諱之去其月以起其賢曷爲不言其國者案舊本傳注三者皆作圍字雖有守下知上二國字以其有

平宋[illegible]國平矣[illegible]

[illegible]

守之君國不人令于目東人[illegible]曰國為[illegible]

吳請未公未人公[illegible]

已前吾年人[illegible]人酒不得宋國於[illegible]

千吾矣宋人[illegible]之[illegible]神[illegible]國

[illegible]國楚人[illegible]人曰[illegible]國[illegible]

[illegible]

皆作圍字者誤守國即上傳設守械而守是也此圍辭也曷為不言其圍
據上言守國知圍也為公子目夷諱也目夷遭難設權救君有解圍存國免王之功故
為諱圍起其事所以彰目夷之賢也歸遶書者刺魯受惡人物也○遭難乃旦反疏注設權至人物也○解云
救君者即上傳宋公釋乎執走之衛是也解圍者楚人釋宋公去而不復圍也○十有二月癸
丑公會諸侯盟于薄言諸侯者起霍之會諸侯也不序者起公從旁以議釋宋公會
盟一事也言會者因以殊諸侯也疏注起霍之會諸侯也○解云即上文秋宋公楚子陳侯蔡侯鄭伯許男曹
伯會于霍執宋公以伐宋是上文序之下文揔之故得起其上會諸侯也不序者若其序之云公會某侯某侯即無以見
公從旁別來今諸侯不序并作一文別言公會則知魯公從旁而來是以不序諸侯以起其義○注會盟一事至侯也○
解云上言會于霍下言盟于薄明其但是一出之行而更言公會諸侯者因以殊諸侯矣○釋宋公執
未有言釋之者此其言釋之何據執滕子至言釋疏釋宋

公○解云不言楚子釋宋公者何氏廢疾公羊以為公會諸侯釋之故不復出楚耳○注據執至言釋○解云即上十九
年春王二月宋人執滕子嬰齊是也公與為爾也公與為爾奈何公
與議爾也善僖公能與楚議釋賢者之厄不言公釋之者諸侯亦有力也疏公與議爾○解
云言魯公與為釋宋公之事也

監本附音春秋公羊註疏卷第十一

此圍辭也曷為不言其圍[illegible]為公子目夷諱也[illegible]十有二月癸丑公會諸侯盟于薄[illegible]釋宋公[illegible]執未有言釋之者此其言釋之何[illegible]公與為爾也公與為爾奈何[illegible]公與議爾也[illegible]

監本附音春秋公羊註疏卷第十一

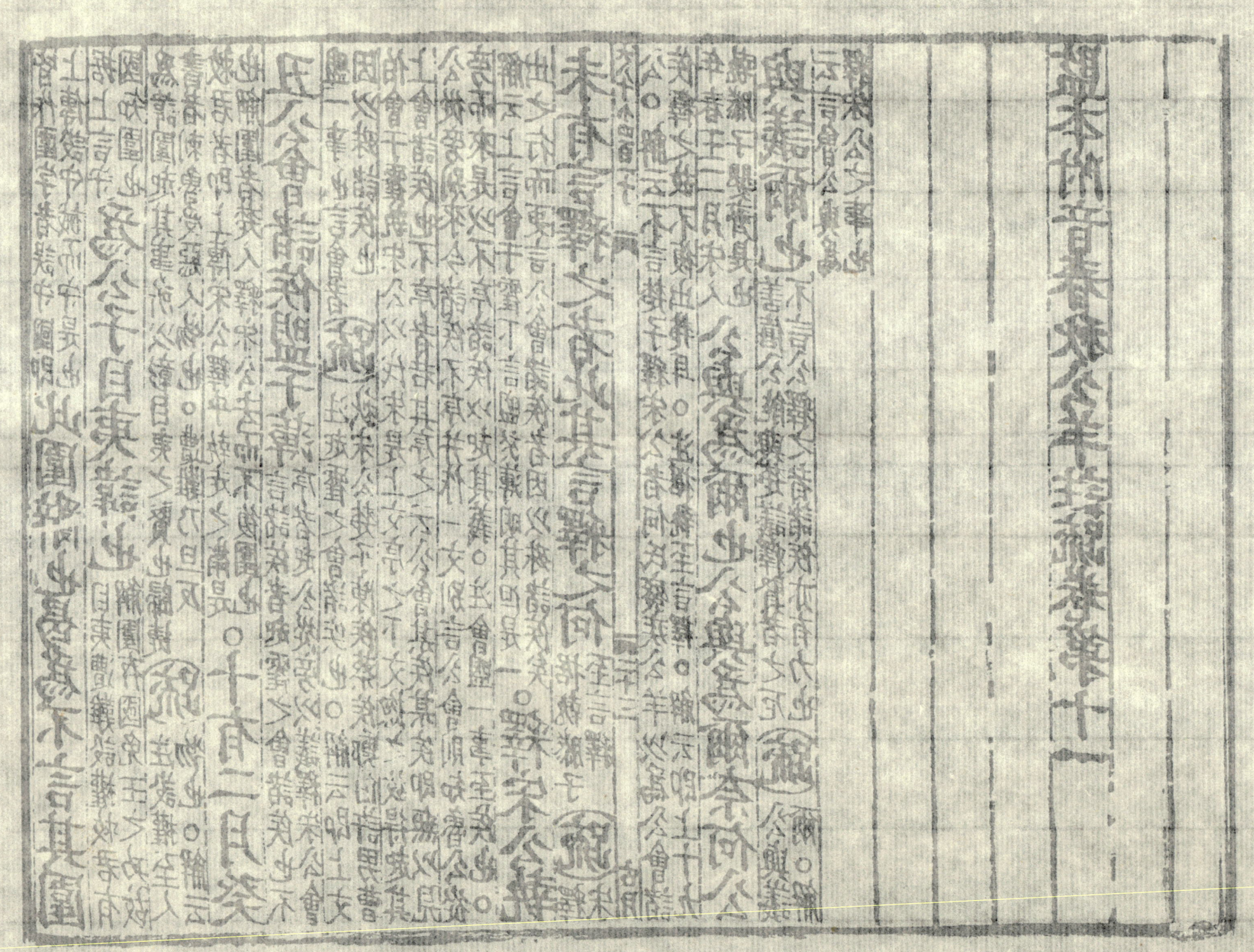

監本春秋公羊註疏僖公卷第十二 起二十二年盡三十三年

何休學

二十有二年春公伐邾婁取須朐。朐其俱反左氏作句。
。夏宋公衛侯許男滕子伐鄭。秋八月丁
未及邾婁人戰于升陘。陘音刑。冬十有一月己
巳朔宋公及楚人戰于泓宋師敗績偏戰者
日爾此其言朔何據奚之戰不言朔疏注據奚之戰不言朔。解云即桓十
七年五月丙午及齊師戰于奚春秋說以爲五月朔日也春秋辭繁而不殺者正
也繁多也殺省也正得正道尤美。不殺所戒反注同省所景反何正爾宋公與
楚人期戰于泓之陽泓水名水北曰陽楚人濟泓而來
濟渡有司復曰請迨其未畢濟而擊之迨及宋公
曰不可吾聞之也君子不厄人吾雖喪國之
餘我雖前幾爲楚所喪所以得其餘民以爲國喻褊弱。喪國息浪反注同幾音祁寡人不忍
行也既濟未畢陳有司復曰請迨其未畢陳
而擊之宋公曰不可吾聞之也君子不鼓不
成列軍法以鼓戰以金止不鼓不戰不成列未成陳也君子不戰未成陳之師。畢陳直覲反下及注同已
陳然後襄公鼓之宋師大敗故君子大其不
鼓不成列臨大事而不忘大禮有君而無臣
言朔亦所以起有君而無臣惜其有王德而無王佐也若襄公所行帝王之兵也有帝王之君宜有帝王之臣有帝王之臣宜有帝王之民未能醇粹而守其礼所以敗也。王德于况反又如字下王佐同醇粹音純下雖遂反以爲

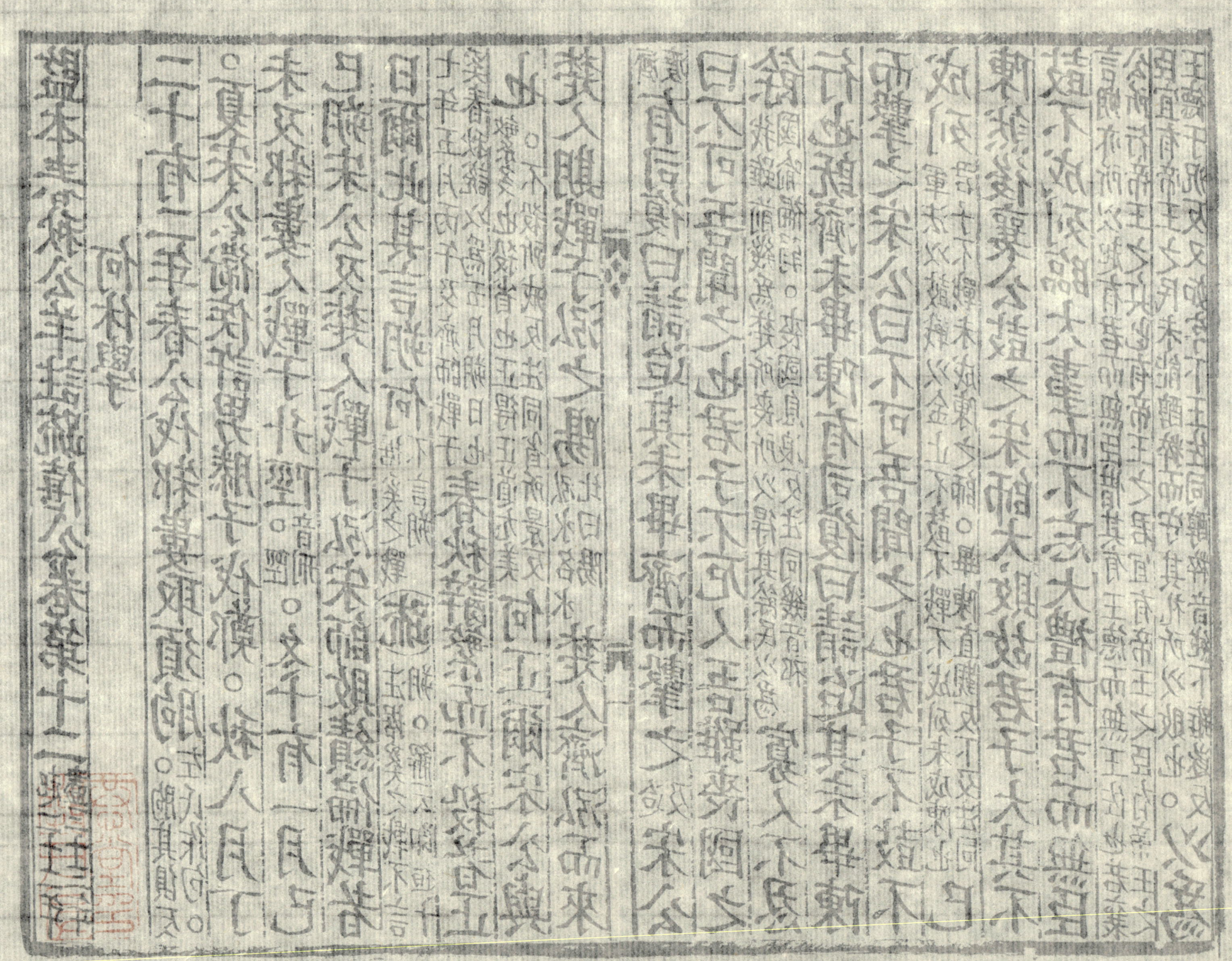

雖文王之戰亦不過此也有似文王伐崇陸戰當舉地舉水者大其不以水尼人也

二十有三年春齊侯伐宋圍緡邑不言圍比其言圍何疾重故也疾痛也重故喻若重故創矣襄公欲行霸守正履信屬為楚所敗諸夏之君宜雜然助之反因其困而伐之痛與重故創無異故言圍以惡其不仁也○緡亡巾反重故直用反又直龍反注同故創初良反下同屬音燭雜七合反父如字惡烏路反○夏五月庚寅宋公慈父卒何以不書葬盈乎諱也盈滿也相接足之辭也襄公本以背殯不書其父葬至襄公身書葬則嫌霸業不成所覆者薄故復使身不書葬明當以前諱除背殯以後諱加微封內娶不去曰略之者功覆之也○慈父左氏作茲父復扶又反去起呂反

疏注襄公至背殯○解云即九年春王三月丁丑宋公禦說卒傳云何以不書葬為襄公諱也彼注云襄公背殯出會宰周公有不子之惡後有征齊憂中國尊周室

之心功足以除惡故諱不書葬是也○注以後諱加微封○解云謂以至功薄微故加而為之諱而封之其封字亦有下句讀之非也○注內娶至覆之也○解云即下二十五年夏宋殺其大夫傳云何以不名宋三世無大夫三世內娶也彼注云三世謂慈父王臣處臼也內娶而責其去日者正以文七年夏四月宋公王臣卒注云不日者內娶略文十六年冬十一月宋人弒其君處臼彼注云不日者內娶略賤之然則三世內娶二人皆略此獨書日者明是覆之○秋

楚人伐陳○冬十有二月杞子卒卒者桓公存王者後功尤美故為表異卒錄之始見稱伯卒獨稱子者微弱為徐莒所脅不能死位春秋伯子男一也辭無所貶貶稱子者春秋黜杞不明故以其一等貶之明本非伯乃公也又因以見聖人子孫有誅無絕故貶不失爵也不名不日不書葬者從小國例也○始見賢徧反

疏注桓公存至錄之○解云正所以傳聞之世小國之卒未合書見故解之○注始見稱伯○解云即莊二十七年冬杞伯來朝是也○注為徐莒所脅○解云即十四年傳云曷為城杞滅也孰滅之蓋徐莒脅之是也○注貶稱至不明○解云正以春秋之前周王舊有黜陟之法隱元年儀父稱字上十七年春英氏稱氏之類今杞公

之爵雖爲伯仍恐春秋之前周王黜之非爲新周故旨不明〇注故以其一等貶之〇解云謂伯之與子春秋合以爲一而已杞君從恒至子乃是同事之內故云一等〇注明本非伯乃公也〇解云正以一等貶之明是王者之後本非伯尒莊二十七年杞伯來朝之時所以不稱侯正欲此處以一等貶之故彼不稱侯也聖人子孫有誅無絕者若其有過但當誅責不合絕去其爵是以雖微弱見貶仍但從伯至子不失其爵矣〇注不名不日至例也〇解云謂所傳聞之世尤小國如此若其曹許之屬仍自書名書葬即上四年許男新臣卒秋葬許繆公彼注云得卒葬於所傳聞世者許大小次曹故卒少在曹後也

二十有四年春王正月〇夏狄伐鄭〇秋七月〇冬天王出居于鄭王者無外此其言出何據王子瑕奔晉不言出【疏】王者無外〇解云桓八年傳云女在其國稱女此其稱王后何王者無外其辭成矣是也〇注據王至言出者解云即襄三十年王子瑕奔晉是也不能乎母也不能事母罪莫大於不孝故絕之言出也下無廢上之義得絕之者明母得廢之臣下得從母命【疏】注明母至母命〇解云正以襄王之母於今仍在亦非繼母與左氏異也鄭氏發墨守云聖人制法必因其事非虛之孟子曰夫人自侮而後人侮之家必自毀而後人毀之國必自伐而後人伐之今襄王實不能孝道稱惠后之心令其寵專於子失教而亂作出居于鄭自絕于周故孔子因其自絕而書之公羊以母得廢之則左氏已死矣是也襄王正是惠后所生非繼母又云失教而亂作自絕於周從左氏鄭氏雜用三家不苟從一曾子曰是王也不能乎母者其諸此之謂與德曰是王也無絕義不能事母而見絕外者其諸謂此灼然異居不復供養者與主書者錄王者所居也〇與音餘復扶又反供養九用反下餘亮反【疏】注灼然異至居也〇解云公羊以爲此天王出居于鄭不事其母而自出居于鄭春秋惡其所爲是以書出以絕之實非出奔故云灼然異居不復供養養者與

晉侯夷吾卒纂故不書葬明當絕也不日月者先衆身死子見纂逐故略之猶薛伯定也【疏】注纂故不書明當絕也〇解云正以惠公無立入之及於例去葬以絕之〇注不日月至略之

解云大國之卒例書日月上十七年冬十有二月乙亥
小白卒之類是也。注猶薛伯定也。解云即定十二年春
薛伯定卒彼注云不日月者子無道當廢之而以爲後未至
三年失衆見弑危社稷宗廟禍端在定故略之然則惠公之
子亦是不肖而以爲後未期之
間文公奪之是以不書日月
二十有五年春王正月丙午衛侯燬滅邢衛
侯燬何以名 据楚子滅蕭不名。燬况委反 絶曷爲絶之 据俱滅人滅
同姓也 絶先祖之胤尤重故名甚之也日者爲魯諱夏而録之。爲魯于僞反下同（疏）滅同姓也。解
云曲礼下篇云滅同姓名是也以此言之則知公羊何氏以
爲齊人滅萊楚滅隗晉滅下陽之屬皆非同姓是以不名耳
。注日者至録之。解云凡滅例月即莊十
年冬十月齊師滅譚之屬是而此書日也 。夏四月癸
酉衛侯燬卒。宋蕩伯姬來逆婦宋蕩伯姬
者何蕩氏之母也 蕩氏宋世大夫（疏）宋蕩伯姬者何。解云欲言婦人而來逆

婦欲言大夫而言伯姬故執不知問。注蕩氏宋世
大夫。解云正以稱蕩氏若崔氏尹氏之屬文同也 其言
來逆婦何 据莒慶言逆叔姬連來者嫌内女爲殺直來也（疏）注連來者。解云弟子本意疑
莒慶逆叔姬難比逆婦之文宜云其言逆婦何而連來言之
者正以伯姬是内女嫌經言來逆婦爲殺直來之恥非實逆
婦是以連來問之似若上五年杞伯姬來朝其子傳云其言
來朝其子何彼注云連來者問爲直來乎爲下朝出之類其
直來者即莊二十年冬杞伯姬來傳云其言
來何直來曰來彼注云直來無事而來也是也 兄弟辭也
其稱婦何有姑之辭也 宋魯之間名結婚姻爲兄弟稱婦者見姑之辭以逆實文
知不殺直來也主書者無出道也。見賢徧反（疏）其稱婦何。解云隱二年傳云在塗稱婦今此非在塗而稱婦
故難之不注者從省文可知也。注宋魯至兄弟。解云莊
時猶然公羊子齊人而取宋魯間語者正以蕩伯姬來逆婦
宋魯之事故使解之亦何傷。注主書者無出道
也。解云言伯姬無逆婦之道是以書而譏之 。宋殺
其大夫何以不名 据宋殺其大夫山名 宋三世無大夫

三世內娶也三世謂慈父王臣處臼也內娶大夫女也言無大夫者禮不臣妻之父母國內皆臣無娶道故絕去大夫名正其義也外小惡正之者宋以內娶故公族以弱妃黨益彊威權下流政分三門卒生篡弒親親出奔疾其末故正其本○去起呂反【疏】注三世至臼也○解云即上二十二年夏宋公慈父卒文七年夏宋公王臣卒文十六年冬宋人弒其君處臼是也○注外小惡正之者所傳聞之世外小惡不書故也○注威權下流○解云謂君之威權下流于臣而臣下用之也○秋楚人圍陳納頓子于頓何以不言遂據楚子鄭人侵陳遂侵宋兩之也微者不別遂但別兩耳別兩耳別之者惡國家不重民命一出兵為兩事也納頓子書者前出奔當絕還入為盜國當誅書楚納之與之同罪也主書者從楚納之頓子出奔不書者小國例也不見挈者故君不可見挈於臣○惡烏路反【疏】注頓子至例也○解云正以春秋之例小國出入不兩書桓十五年夏許叔入于許注云不書出時者小國是例也○注不見挈者○解云故君不可見挈於臣者案桓十一年九月宋人執鄭祭仲突歸于鄭傳云突何以名挈乎祭仲也彼注云挈猶提挈也突當國本當言鄭突

欲明祭仲從宋人命提挈一亦納之故上繫於祭仲不繫國者使與外納同也案莊九年夏公伐齊納糾傳曰何以不稱公子彼注云據下言子糾知非當國本當去國見挈言公子糾此若作挈文宜言楚人納頓子于頓去其國以見挈于楚矣故君不可以見挈於臣○葬衛文公不月者蓋同姓故奪臣子恩也【疏】注不月者至恩也○解云卒日葬月大國之常案桓十二年冬十一月丙戌衛侯晉卒十三年三月葬衛宣公之類是也○冬十有二月癸亥公會衛子莒慶盟于洮莒無大夫書莒慶者尊敬壻之義也洮內地公與未踰年君大夫盟不別得意雖在內猶不致也○洮他刀反【疏】注書莒至之義也○解云即莊二十七年冬莒慶來逆叔姬傳云大夫越竟逆女非禮也○注公與未至致也○解云案莊六年注云公與二國以上出會盟得意致會不得意不致謂與諸侯會時然也今此衛子莒慶皆是卑者得意不得意亦可知故言不別得意耳○今洮是內地位不合以致假令在外亦不致之何者正以其與卑者會盟得意不假別之如定十二年冬公至自圍成成是孟氏之邑而書致者彼注云天子不親征下土諸侯不親征叛邑公親圍成不能以一國為家甚危若從他國

來故危錄之是也

二十有六年春王正月巳未公會莒子衛甯遬

遬盟于向。遬音速向舒亮反○齊人侵我西鄙公追齊

師至巂弗及其言至巂弗及何据公追戎于濟西不言所至又不言弗及○巂戶圭反又紛宛反侈也侈猶大也大公能却強齊之兵弗者不之深者也言齊人畏公士卒精猛

引師而去之深遠不可得及故曰侈不直言大之者自爲追唯臣子得襃之耳不得與追戎同也言師者侈大公所追也

國內兵不書而舉地者善公齊師去則止不遠務百姓過復取勝得用兵之節故錄詳之○侈昌爾反又昌者反大也卒子忽反自爲于僞反下深爲同

（疏）注不直言至錄詳之○解云案莊十八年公追戎于濟西傳云此未有言伐者

其言追何大其爲中國追也此未有伐中國者則其言爲中國追何大其未至而豫禦之也其言于濟西何大之也彼注云大公除害恩及濟西也言大者當有公賞也然則彼爲諸侯追於王法當有功賞故得云大此則自爲已追但臣子得襃之故傳不言大以見義云言師者侈大公所追也者正以上言齊人侵我西鄙下言公追齊師與上文異其故也

夏齊人伐我北鄙。衛人伐齊。公子遂如

楚乞師乞師者何卑辭也曷爲以外內同若

辭据春秋尊魯（疏）乞者至若辭○解云案成十六年夏晉侯使欒黶來乞師十七年秋晉侯使荀罃來乞師外亦言乞師也重師也外內皆同卑其辭者深爲與人者重之曷爲重師据泓之戰

不重師（疏）注据泓之戰不重師○解云上二十二年十有一月己巳朔宋公及楚人戰于泓宋師敗績傳云宋公與楚人期戰于泓之陽楚人濟泓而來有司復曰請迨其未畢濟而擊之宋公曰不可吾聞之也君子不厄人吾雖喪國之餘寡人不忍行也既濟未畢陳有司復曰請迨其未畢陳而擊之宋公曰不可吾聞之也君子不鼓不成列已陳然後襄公鼓之宋師大敗故君子大其不鼓不成列臨大事而不忘大禮有君而無臣以爲雖文王之戰亦不過此也然則宋公守古敗師而春秋善之也是其不重之文

師出不正反戰不正勝也

不正者不正自謂出當復反戰當必勝直以凶器戰危事不得已而用之爾乃以殺人故重而不暇別外內也稱師者正所乞名也乞師例時○當復扶又反下同別外彼列反下同〔疏〕注戰必當勝○解云以義言之此句亦宜云戰不正勝者不正自謂戰當必勝但何氏者文不復備言○注乞師例時○解云正以據文承夏下文成十三年春晉侯使郤錡來乞師之屬皆書時故也○

秋楚人滅隗以隗子歸

不月者略夷狄滅微國也不言獲者舉滅為重書以歸者惡不死位不名者所傳聞世見治始起責小國略但絕不誅之○隗五罪反二傳作夔字不烏路反下同傳直專反見治賢遍反下直吏反〔疏〕注不月者略夷狄○解云正以莊十年冬十月齊師滅譚十三年夏六月齊人滅遂之類皆書月故也○注不名者至不誅之○解云案上二十三年杞子卒之下注云又因以見聖人子孫有誅無絕故貶不失爵也以此言之似誅輕絕重此注云但絕不誅自相違者凡誅有二種一是誅責之誅若齒路馬有誅於予與何誅之類一是誅絕之誅似武王誅紂誅君之子不立之類然則上言有誅無絕聖人子孫但當誅責而已不合絕去此言但絕不誅者謂所傳聞之世責小國略之此不書其名但欲絕去一身不聽為君不合誅滅其國哀七年八月己酉入邾婁以邾婁子益來傳云邾婁子益何以名絕之又莊十年以蔡侯獻舞歸傳曰蔡侯獻舞何以名絕之以此二文言絕之則似書名為絕之此注云不名者但絕而不誅又以不名為絕者蓋以絕亦有二種一是絕去其身一是絕滅其國蔡侯獻舞大國之君不能死難為楚所獲春秋之義不與夷狄得志於諸夏是以不得書獲故名蔡侯起其當合絕滅矣邾婁正當所見之世以為魯所獲春秋之義內獲人皆諱不書故名邾婁子以起不死難當絕滅矣今說隗子既是微國復當傳聞之世若其書名恐妨二君亦合絕滅故不名見責之略也但合一身絕去而已○

冬楚人伐宋圍緡邑不言圍此其言圍何刺道用師也

將以師與魯未至又道用之於是惡其視百姓之命若草木不仁之甚也稱人者楚未有大夫未聞緡師楚自道用之故從楚文〔疏〕邑不至用師也○解云案隱五年宋人伐鄭圍長葛之下傳云邑不言圍此其言圍何彼已注云將伐於餘丘不言圍然則彼已有注故此不復解耳○注稱人至從楚文○解云以文九年冬楚子使椒來聘彼傳云椒者何楚大夫也楚無大夫此何以書始有大夫也始有大夫則何以不氏許夷狄者不一而足也然則

文九年始有大夫則知今時未有然上四年夏楚屈完來盟于師下二十八年夏楚殺其大夫得臣在椒來聘之前而有大夫者屈完之下傳云屈完者何楚大夫也何以不稱使尊屈完也曷為尊屈完以當桓公也注云增倍使若得其君以醇霸德成王事也然則欲尊屈完使當桓公以醇霸德非常事子王之下注云楚無大夫言其大夫者欲起上楚人本當言子王得臣所以詳録霸事○注楚自道至楚文○解云欲道下文公以楚師得稱楚師而此不得者以楚自道用之故從楚文也

○公以楚師伐齊取穀 言以者行公意別魯兵也稱師者順上文 【疏】注言以者行公意○解云桓十四年冬宋人以齊人衛人蔡人陳人伐鄭傳云以者何行其意也彼注云以已從人曰行言四國行宋意也

公至自伐齊此已取穀矣何以致伐 據伐邾婁取叢不致 未得乎取穀也 未可謂得意於取穀 曷為未得乎取穀 據俱取邑 曰患之起必自此始也 魯內虛而外乞師以犯強齊會齊侯昭卒晉文行霸幸而得免孔子曰人之生也直罔之生也幸而免故雖得意猶致伐也 【疏】注魯內虛而外

乞師○解云言內虛者謂自無師○會齊侯昭卒○解云即下二十七年齊侯昭卒是也○注晉文行霸○解云即二十八年侵曹伐衛敗楚師于城濮盟于踐土是也○注故雖至伐也○解云莊六年注云公與一國及獨出用兵得意不致不得意致伐然則此文公以楚師伐齊取穀是得意宜合不致今致伐作不得意之文以解之

二十七年春杞子來朝 貶稱子者起其無禮不備故魯入之 【疏】注貶稱子至入之○解云杞本公爵但春秋欲新周故宋而黜之稱伯即莊二十七年冬杞伯來朝是也至二十三年經書杞子卒者但以微弱為徐莒所脅不能死位故以其一等貶之見聖人子孫有誅無絕而已至於此經復稱子者起其無禮故左氏皆有魯入之文也

○夏六月庚寅齊侯昭卒○秋八月乙未葬齊孝公○乙巳公子遂帥師入杞 日者杞屬脩禮朝魯雖無禮君子躬自厚而薄責於人不當乃入之故録責之○屬音燭

○冬楚人陳侯蔡侯鄭伯許男圍宋此楚子也其稱人何 據序

諸侯之上貶曷爲貶据圍鄭不貶爲執宋公貶故終僖之篇貶也古者諸侯有難王者若方伯和平之後相犯復故罪楚前執宋公僖公與共議釋之今復圍犯宋故貶因以見義終僖之篇貶者言君子和平人當終身保也○爲于僞反難乃旦反今復扶又反見賢徧反【疏】注楚前執宋公○解云即二十一年秋執宋公以伐宋十二月公會諸侯盟于薄釋宋公傳云執未有言釋之者此其釋之何公與議爾也彼注云善僖公能與楚議釋賢者之厄○十有二月甲戌公會諸侯盟于宋地以宋者起公解宋圍爲此盟也宋得與盟則宋解可知也而公釋之見矣○與音預

二十有八年春晉侯侵曹晉侯伐衛曷爲再言晉侯据楚人圍陳納頓子于頓亦兩事不再出楚人【疏】注据楚至出楚人○解云在上二十五年秋也非兩之也然則何以不言遂据侵蔡遂伐楚言遂【疏】非兩之也○解云上二十五年頓子之下傳云何以不言遂兩之也注云徵者不別遂但別兩稱耳別之者惡國家不重民命一出兵爲兩事也以此言之初發國即有兩伐之意○注据侵蔡伐楚言遂○解云即上四年春王正月公會齊侯以下侵蔡蔡潰遂伐楚是也未侵曹也未侵曹則其言侵曹何致其意也其意侵曹則曷爲伐衛晉侯將侵曹假塗于衛衛曰不可得則固將伐之也曹有罪晉文行霸征之衛壅遏不得使義兵以時追故著言侵曹以致其意所以通賢者之心不使壅塞也宋襄公伐齊月此不月者晉文公功信未著且當脩文德未當深求於諸侯故不美也○衛壅於勇反下同又作壅同遏於葛反【疏】衛曰不至伐之也○解云言衛不可得塗則固將先伐之其意猶自欲得侵曹矣○注曹有至征之○解云言征之者謂伐而正之上討下之辭如上十八年傳云與襄公之征齊也○公子買戍衛不卒戍刺之不卒戍者何不卒戍者內辭也不可使往也即注當言戍衛不卒【疏】不卒戍者何○解云欲言實戍乃有不一戍之文欲言不戍而經書

戍衛故執不知問不可使往則其言戍衛何據言戍衛行文遂
公意也使臣子不可使恥深故諱使若往不卒竟事者明臣不得壅塞君命刺之者何
殺之也殺之則曷為謂之刺之內諱殺大夫
謂之刺之也有罪無罪皆不得專殺故諱殺言刺之不言刺公子買但言不卒戍刺之者起為上
事刺之也內殺大夫例有罪不日無罪日外殺大夫皆時○起為于偽反下為下卒為晉深為不為同疏刺之
者何○解云然欲言不殺文言刺之欲言實殺文不言殺故執不知問○注有罪至刺之也○解云孟子言大夫者天子命
之輔助其政故諸侯不得專殺大夫也然則孟子之文論有罪故此何氏云有罪無罪皆不得專殺也○注內殺大至無罪
日○解云其有罪不日即此文是而不月者與上同月故也無罪日者成十六年冬十二月乙酉刺公子偃是也○注外
殺大夫皆時○解云即上七年夏鄭殺其大夫申侯下三十一年秋衛殺其大夫元咺之類是也○楚人救
衛○三月丙午晉侯入曹執曹伯畀宋人畀

者何與也其言畀宋人何據下執衛侯言歸之于京師○畀必二反與
也下同疏畀者何○解云欲言是與文不言歸欲言非與畀者與義故執不知問○注據下至京師○解云即
下經云冬晉人執衛侯歸之于京師是也然則彼言歸于京師此言以畀宋人故難之與使聽之
也與使聽其獄也時天王居于鄭晉文欲討楚師以宋王者之後法度所存故因假使治之宋稱人者明聽訟必
師斷與其師衆共之斷丁亂反下當斷同○曹伯之罪何甚惡也其惡
惡奈何不可以一罪言也曹伯數侵伐諸侯以自廣大傳曰晉侯執曹伯
班其所取侵地于諸侯是也齊桓既没諸侯背叛無道者非一晉與曹同姓恩惠當先施刑罰當後加起而征之嫌其失
義故著其甚惡者可知也以其得不言獲者晉文伯討不坐獲者故亦不責曹不死義其日者喜義其得時入○數所角
反下數道同疏注傳曰晉侯至是也○解云即下三十一年春取濟西田之下傳云惡乎取之取之曹也此未
有伐曹者則其言取之曹何晉侯執曹伯班其所取侵地于諸侯是也○注恩惠當先施○解云即堯典云九族既睦平

侯出奔楚晉文逐之不書逐之者以王事逐之立其次無絶衞之心惡不如出奔重（疏）注擇立至奔重。解云立叔武是也叔武衞侯之弟故曰其次耳惡不如出奔重者言文公逐人之惡少於衞侯出奔之罪。五月癸丑公會晉侯齊侯宋公蔡侯鄭伯衞子莒子盟于踐土陳侯如會其言如會何據曹伯襄言會諸侯（疏）注據曹伯襄。解云即下文曹伯襄復歸于曹遂會諸侯圍許是也後會也與會伐宋同刺諸侯不慕霸者反岐意于楚失信後會不致者安信與晉文也盟日者諱也衞稱子者起叔武本無即位之意陳岐意于楚在二十七年。諱古宂反（疏）注盟日者諱也。解云正以春秋之例不信者日今而書日故解之而言諱者正以孔子謂之諱而不正故取其文。注衞稱子至之意。解云衞侯爲王伯所逐而立叔武叔武即是成君何不稱侯而作未踰年之君號欲起其本無即位之心故也無即位之心者即下云文公逐衞侯而立叔武叔武辭立而他人立則恐衞侯之不得反也故於是已立然後爲踐土之會治反衞侯是也。公

朝于王所曷爲不言公如京師據三月公如京師天子在是也天子在是則曷爲不言天子在是據狩于河陽不與致天子也時晉文公年老恐霸功不成故上白天子曰諸侯不可卒致願王居踐土下謂諸侯曰天子在是不可不朝迫使正君臣明王法雖非正起時可與故書朝因正其義不書諸侯朝者外小惡不書獨録內也不書如不言天王者從外正君臣所以見文公之功。卒七忽反下倉卒同見賢徧反下不見當見見其同（疏）注時晉至録內也。解云皆春秋說文及史記文禮弓下篇云晉獻公之喪秦穆公使人弔公子重耳且曰喪亦不可久也時亦不可久也孺子其圖之鄭玄注云孺稚也孺子猶稚子則於僖九年獻公卒時仍謂之稚子今得稱云年老者正以禮記非正典何氏不醇取之云明王法雖非正起時可與者言明王之法雖以爲非正欲見當時事勢不得不然是故遂書其朝云公朝于王所言因正其義者欲道臣無召君之義故不言王之所在云不書至不書者正以諸侯朝王不在京師亦是其惡但非大惡當所傳聞之世見在不録之限是以特書公朝故隱元年公子益師卒之下何

氏云於所傳聞世見治起於衰亂之中用心尚粗觕故内其
國而外諸夏先詳内而後治外内小惡書外小惡不書是也
○注不書如不言至之功。○解云春秋之例内朝言如外來
言朝今此魯侯不言如反言朝故云從外正君臣所以見文
公之功也不言天王所以得正君臣見文公之功者以隱元
年秋七月天王使宰咺來歸惠公仲子之賵下何氏云天王
者時吳楚上僭稱王王者不能正而上自繫于天也春秋不
正者因以廣是非然則稱王爲正稱於天則非禮今此經書
不言天王者亦是正君臣以見文公之功也○六月衛侯鄭自楚復歸
于衛言復歸者天子有命歸之名者剌天子歸有罪也言自楚者爲天子諱也天子所以陵遲皆爲善不賞爲
惡不誅衛侯出奔當絕叔武讓國不當復廢而反衛侯令殺
叔武故使若從楚歸者復歸例皆特此月者爲下卒出也○
當復扶又反令力呈反下令自同
疏注者復歸至歸之。○解云春秋文異以傳云然後爲踐土之會治反衛侯
何氏云叔武訟治於晉文公令白王者反衛侯使還國也天
子有命歸而言復歸者正以衛侯出惡歸無惡故也何者正
以衛侯初出之時晉文以王事逐之是其出惡及其歸國得
天子之命是其歸無惡矣桓十五年傳曰復歸者出惡歸無

惡是也○注名者至罪也解云諸侯不生名若其生名皆欲
絕之不以爲諸侯是以莊十年蔡侯獻舞之下傳云蔡侯獻
舞何以名絕也今此衛侯王事不供而爲伯者所逐故當合
絕但天子歸之失誅臣之義是以書名剌天子也○注自楚
者爲天子之諱也解云正以自者有力之文故言自楚得爲
天子諱者若似自得楚力而歸然云復歸至出也者案桓十
七年秋蔡季自陳歸于蔡下三十年秋衛侯鄭歸于衛之屬
是歸書時也其復歸書月者即下冬衛元咺自晉復歸于衛
之類是例合時而此月故知爲他事出也○衛元咺出奔晉。咺況晚反○陳
侯款卒不書葬者爲晉文諱行霸不務教人以孝陳有大喪而姜會其孤故深爲恥之宋襄亦皆曠闕不爲
賢者諱者時宋襄自會之卒不日者賤其歧意于楚疏注于不日者。○解云以大國之卒例書日已說于上○
秋杞伯姬來○公子遂如齊○冬公會晉侯
齊侯宋公蔡侯鄭伯陳子莒子邾婁子秦人
于溫○天王狩于河陽狩不書此何以書據常

事也不與再致天子也一失礼尚愈再失礼重故深正其義使若天子自狩非致也
魯子曰溫近而踐土遠也此魯子一說也溫近狩地故可言狩踐土遠狩地故不言狩也公以再朝而后言之上說是疏溫近而踐土遠也○解云近讀如附近之近遠爲遠外之遠○注公以至上說是○解云正以上朝不日而下朝始日危錄內再失礼則知此書狩者不與再致天子也故言上說是
○壬申公朝于王所其日何據上朝不日錄乎內也危錄內再失礼將爲有義者所惡不月而日者自是諸侯不繫天子若自不繫於月○惡烏路反下惡衛同○晉人執衛侯歸之于京師歸之于者何歸于者何歸之于者罪已定矣歸于者罪未定也罪未定則何以得爲伯討此難成十五年晉侯執曹伯歸于京師○難乃旦反下方難同疏歸之于者何○解云欲言伯執晉不稱侯欲言非伯而云歸之于京師似得伯執之義故執不知問歸

之于者執之于天子之側者也罪定不定已可知矣歸之者欲絕之辭執于天子之側已自天子罪定不定自在天子故言已可知歸于者非執之于天子之側者也罪定不定未可知也未得自天子分別之者但欲明諸侯尊貴不得自相治當斷之于天子天子亦大惡雖未可知執有罪當爲伯討矣無罪而執人當貶稱人○別彼列反衛侯之罪何殺叔武也何以不書據殺大夫書爲叔武諱也春秋爲賢者諱何賢乎叔武據失兄意○爲叔于僞反下爲賢爲叔武及注而爲深爲皆同讓國也其讓國奈何文公逐衛侯而立叔武叔武辭立而他人立則恐衛侯之不得反也故於是已立說上繼子然後爲踐土之會治反衛侯叔武訟治於晉文公公白王者

反衛侯使還國也叔武讓國見殺而爲叔武諱殺者明叔武治反衛侯欲兄饗國故爲去殺已之罪所以起其功而重衛
侯之無道。爲去起呂反衛侯得反曰叔武篡我元咺爭之
曰叔武無罪終殺叔武元咺走而出此晉侯
也其稱人何此以伯討而向貶者言歸之于伯討明知坐他事故更問之。篡初患反（疏）
注此以伯討而向貶者。解云上四年齊人執陳袁濤塗之下傳云此執有罪何以不得爲伯討然則此傳宜云此執有
罪何以不稱侯而云此晉侯也其稱人何問其貶者正以言歸之于者罪定已可知即是伯討明矣知稱人更有所爲故
問其稱人之義貶曷爲貶據他罪不見衛之禍文公爲之也
文公爲之柰何文公逐衛侯而立叔武使人
兄弟相疑春秋許人臣者必使臣許人子者必使子文公惡衛侯大深愛叔武大甚故使兄弟相疑
○大深音泰下同放乎殺母弟者文公爲之也文公本逐之非徵發

此禍也逐之文不見故貶主書者以起文公逐之。放乎甫往反（疏）注文公本逐之非。解云上注文公以王
事逐之而言非者雖王事不供罪不至逐而文公逐之疾惡大甚故以爲非也案論語云人而不仁疾之已甚亂也。注
以起文公逐之。解云其主書者即文公執衛侯之事是也今執衛侯處文公稱人見其失所是故貶以起文公逐之
○衛元咺自晉復歸于衛自者何有力焉者
也有力焉者有力于晉也言恃晉有屬已力以歸方難下意故於是發問。屬音燭（疏）自者何解云文
公賢伯而有力於惡人以非其義故執不知問此執其君其言自何上元咺出奔晉
而文公執衛侯知以元咺訴執之怪訴其君而助之爲叔武爭也解文公助之意以元咺爲叔武
爭訴以爲忠於已而助之雖然臣無訴君之義復於衛非也悖君臣之義故著言自明不當有力於惡人也言復歸者深
爲霸者恥之使若無罪。爭爭鬭之爭下注同悖必內反○諸侯遂圍許○曹伯
襄復歸于曹○遂會諸侯圍許曹伯言復歸者天子歸之也名者與

衛侯鄭同義執歸不書書者名惡當見本無事不當言遂又不更舉曹伯者見其能悔過即時從霸者征伐也霸兵不月者剌文公不偃武脩文以附踈會卒欲服許卒曹伯襄不能降威信自是衰故不成其善。歸户江反疏復歸于曹。解云天子歸之以得天子之命其罪可以除故言復歸作入無惡之文矣上衛侯之下注云言復者天子有命歸之不言衛侯而此處著言曹伯者正以文承元咺復歸之下嫌嫌也。注執歸至言遂。解云正以上二十一年宋公被執而歸經不書之故知執歸不書今書者其名之惡當須見之。注又不更舉曹伯者。解云謂何以不言曹伯遂會諸侯圍許正以言遂又不更舉曹伯皆是風疾之義故可以見悔過即時從霸者征伐也。注欲服許至其善。解云正以上文溫之會許男不至是不慕霸者而從于楚故因而服之云卒不能降者正以二十九年春經書公至自圍許仍不得意之文莊六年秋公至自伐衛之下傳云得意致會不得意致伐今此不致會知卒不能降也

二十有九年春介葛盧來介葛盧者何夷狄之君也何以不言朝据諸侯來曰朝。介葛音介國名疏介葛盧者何。解云欲言諸侯文不言朝欲言大夫文不書聘故執不知問不能乎朝也不能升降揖讓也介者國也葛盧者名也進稱名者能慕中國朝賢君明當扶勉以禮義疏注進稱名者。解云正以下三十年秋介人侵蕭不名故知此稱名是其進○公至自圍許○夏六月公會王人晉人宋人齊人陳人蔡人秦人盟于狄泉文公圍許不能服自知威信不行故復上假王人以會諸侯年老志衰不能自致故諸侯亦使微者會之月者惡霸功之廢於是。故復扶又反年末同惡烏路反疏注月者至廢於是。解云正以月非大信之辭也○秋大雨雹夫人專愛之所生。雨于付反雹步角反○冬介葛盧來前公圍許不在故更來朝不稱字者一年再朝不中禮故不復進也。中丁仲反

三十年春王正月。夏狄侵齊。秋衛殺其大夫元咺及公子瑕衛侯未至其稱國以殺

何據歸在下道殺也時巳得天子命還國於道路遇而殺之坐之與至國同故但稱國不復別也言及公子瑕者下大夫別尊卑○復扶又反別彼列反○衞侯鄭歸于衞此殺其大夫其言歸何據未至而有專殺之惡與入惡同疏其言歸何解云正以歸者是出入無惡也○注殺入惡同○解云正以復入者出無惡入有惡今此衞侯未至而殺故但與入惡同不合言歸故難之歸惡乎元咺也衞侯歸殺無惡則元咺之惡明矣曷爲歸惡乎元咺據師還疏注據師還○解云即莊八年秋師還傳云還者何善辭也此滅同姓何善爾非師之罪也彼注云明君之使重在君然則彼魯公遣師滅同姓歸善于師而歸惡于公此衞侯即歸惡于元咺與彼義違元咺之事君也君出則已入晉人執衞侯歸之于京師元咺自晉復歸于衞恃晉力以歸是也疏注恃晉至是也○解云即彼傳云自者何有力焉者也注云有力焉者有力于晉也言恃晉有焉已力以歸是君入則已出衞侯鄭自楚復歸于衞元咺出奔晉是也以爲不臣也故不從犯伯執爲天子所遂言復歸從出入無惡言歸以見元咺有出入罪衞侯得殺之所以專臣事君之義名者爲殺叔武之惡天子歸有罪也執歸不書主書者名惡當見○以見賢徧反下同爲于僞反夫烏路反

○晉人秦人圍鄭○介人侵蕭稱人者侵中國故退之疏注稱人者至退之○解云正以上二十九年來朝稱名今不名故知此稱人者退之也○冬天王使宰周公來聘與葵丘會同義疏注與葵丘會同義○解云葵丘之會在上九年公會宰周公以下于葵丘彼注云宰猶治也三公之職號尊名也以加宰知其職大尊重當與天子參聽萬機而下爲諸侯所會惡不勝任也此宰周公亦職大尊重當與天子參聽萬機而下聘諸侯惡不勝任故云與葵丘同義○公子遂如京師遂如晉大夫無遂事此其言遂何公不得爲政爾不從公政令也時見使如京師而橫生事矯君命聘晉故疾其驕蹇自專當絕之不舉重者遂當有本○矯君居表反本又作撟疏大夫無遂事○解云正以臣無自專之道也

三十有一年春取濟西田惡乎取之以不月與取運異知非內叛邑○惡音烏【疏】注以不月至叛邑○解云昭元年三月取運傳云運者何內之邑也其言取之何不聽也注云不聽者叛也不言叛者為內諱故書取以起之月者為內喜得之故書月也此不書月與彼異知非內之邑是以傳云惡乎取之猶言何處取之

取之曹也曷為不言取之曹據取叢言邾婁田也

諱取同姓之田也同姓相貪利惡差重恥差深○惡差初賣反下同

此未有伐曹者則其言取之曹何據伐同姓不諱即有兵當舉伐曹下日若甲戌取須朐【疏】注即有兵至須朐○解云即文七年春公伐邾婁三月甲戌取須朐傳云取邑不日此何以日內辭也使若他人然注云使若公春伐邾婁而去他人自以甲戌日取之

晉侯執曹伯班其所取侵地于諸侯也班者布徧還之辭○布徧音遍下文同

晉侯執曹伯班其所取侵地于諸侯則何諱乎取

同姓之田據晉還之得為伯【疏】注據晉還之得為伯○解云即上二十八年三月丙午晉侯入曹執曹伯畀宋人是也何者稱侯以執伯討之文然此傳云晉侯執曹伯班其所取侵地于諸侯正指上二十八年執曹伯以畀宋人之文言晉還之者謂執曹伯而還諸侯之田矣

久也魯本為霸者所還當時不取久後有悔更緣前語取之不應以得故當坐取邑○

公子遂如晉○夏四月四卜郊不從乃免牲猶三望曷為或言三卜或言四卜三卜禮也四卜非禮也三卜何以禮四卜何以非禮據俱卜也【疏】曷為或言三卜○解云即襄七年夏四月三卜郊不從乃免牲是也○三卜禮也○解云案曲禮上篇云卜筮不過三是其舊典之遺存鄭玄云求吉不過三魯四卜郊春秋譏之是也三卜禮謂是魯禮若天子之郊則不卜以其常事但以魯郊非常是以卜之吉則為之凶則已之

求吉之道三三卜吉凶必有相奇者可以決疑故求吉必三卜○奇居宜反【疏】求吉之道三○解云周禮大卜

掌于三王之龜易義亦通于此然三卜是禮理應不書襄七年三卜郊何以書正以魯人之郊博卜三正襄七年乃在周之四月以其不時是以書也

禘嘗不卜郊何以卜禘比祫爲大嘗比四時祭爲大故據之

疏禘嘗不卜。解云即僖八年秋七月禘于太廟桓十四年八月乙亥嘗之類皆不見卜筮之文故言此。禘比祫爲大。解云禘之與祫雖皆大祭但禘及功臣於祫則否故以禘爲大是以文二年大事於大廟之下傳云五年而再殷祭彼注云謂三年祫五年禘禘所以異於祫者功臣皆祭也祫猶合也禘猶諦也審禘無所遺失盤庚曰茲予大享于先王爾祖其從與享之義亦通于此也。注嘗比四時祭爲大。解云以此傳配禘禘既大於祫則知嘗大于四時且嘗是秋成萬物薦馨香故以爲盛也

卜郊非禮也禮天子不卜郊

疏注禮天至卜郊。解云欲道天子之郊以其常事故不須卜魯郊非禮是以卜之異於禘嘗耳

卜郊何以非禮據上言三卜禮

疏卜郊何以非禮。解云弟子之意以爲上言三卜是禮何言卜郊非禮乎答者以爲由魯郊非正故須卜何妨天子之郊不卜乎

魯郊非禮也以魯郊非禮故卜爾昔武王既沒成王幼少周公居攝行天子事制禮作樂致太平有王功周公薨成王以王禮葬之命魯使郊以彰周公之德非正故卜三卜吉則用之不吉則免牲謂之郊者天人相與交接之意也不言郊天者謙不敢斥尊。少詩照反大平音泰王功于況反

疏注謂之郊至意也。解云何氏以爲郊特牲云於郊故謂之郊禮記非正典故不從之。注不言郊天者至尊者。解云欲道禘于大廟于莊公武宮之屬皆斥尊言之若然乙亥嘗己卯烝之屬又不斥言者以是時祭于大廟小異禘故也

魯郊何以非禮據成公乃不郊惡之。惡之烏路反下皆同

天子祭天郊者所以祭天也天子所祭莫重於郊於南郊者就陽位也槀秸玄酒器用陶匏大珪不琢大羹不和爲天至尊物不可悉備故推質以事之。槀古老反匏白交反琢丈轉反和戶卧反爲天于僞反下則爲本爲主爲皆同

疏注於南郊至以事之。解云皆出禮記郊特牲彼文云郊之祭也大報天而主日也兆於南郊就陽位也又云莞簟之安而蒲越槀鞂之尚酒醴之美玄酒明水之尚器用陶匏以象天地之性也大珪不琢美其質也大羹不和貴其質也鄭氏云明水司烜以陰鑑所取於月之水也蒲越槀鞂藉神席也而彼文又云祭天埽地而祭焉於其質而已矣而云槀鞂神席者

正謂對不爲壇故言掃地不全無席諸侯祭土土謂社也諸侯所祭莫重於社卿大夫祭五祀士祭其先祖

疏諸侯祭土。解云欲道天子有方望之事

方望謂郊時所望祭四方羣神日月星辰風伯雨師五嶽四瀆及餘山川凡三十六所

疏注方望至三十六所

解云舊說云四方羣臣是爲四也通日與月爲六星是五星爲十一也辰是十二辰爲二十三風伯雨師爲二十五五岳爲三十四瀆爲三十二餘小山川爲二是爲三十六所無所不通盡八極之內天之所覆地之所載無所不至故得郊也

諸侯山川有不在其封內者則不祭也故魯郊非禮也

疏注故魯至禮也。解云正以其所主狹是以不得祭天地也

曷爲或言免牲或言免牛免牲禮也魯卜郊不吉免之禮卜郊不吉則爲牲作玄衣纁裳使有司玄端放之於南郊明本爲天不敢留天牲

疏或言免牛。解云即成七年王正月鼷鼠食郊牛角改卜牛鼷鼠又食其角乃免牛是也

免牛非禮也免牛何以非禮

傷者曰牛養牲不謹敬有災傷天不饗用不得復爲天牲故以本牛名之非禮者非大牲不當復見免但當內自省責而已。復爲扶又反下同見免賢徧反下以見同

三望者何望祭也

然則曷祭祭泰山河海曷爲祭泰山河海據郊者主爲祭天。大山音泰本亦作泰下同

疏三望者何。解云欲言祭名文在免牲之下欲言非祭因郊天爲之故執不知問

山川有能潤于百里者天子秩而祭之此皆助天宣氣布功故祭天及之秩者隨其大小尊卑高下所宜禮祭天牲角繭栗社稷宗廟角握六宗五嶽四瀆角尺其餘山川視卿大夫天燎地瘞日月星辰布山縣水沉風磔雨升燎者取俎上七體與其珪寶在辦中置於柴上燒之。繭古典反燎力召反瘞於例反縣音玄磔陟百反

疏註禮祭天至大夫。解云皆王制與禮說文耳其餘山川視卿大夫者小山川之屬但牽牛而已。注天燎至雨升。解云爾雅祭天曰燔柴者蓋以燎柴而燔之故謂祭爲燔柴云地瘞者即爾雅云祭地曰瘞埋李巡曰祭地以玉埋地中瘞亦埋也云日月星辰布者即爾雅云祭星曰布孫氏云既

祭布散於地位似星辰布列郭氏曰布散祭於地然則爾雅雖不言日月日月之義宜附於星故何氏連日月言之云山縣者爾雅云祭山曰庪縣郭氏云或庪或縣置之於山李氏曰祭山以黃玉及璧以庪置几上遙遙而眂之若縣故曰庪縣孫氏曰庪縣埋於山足曰庪埋於山上曰縣是也云水沈者即爾雅祭川曰浮沈孫氏曰置祭於水中或浮或沈故曰浮沈是也言風磔者即爾雅云祭風曰磔孫氏云既祭披磔其牲以風散之李氏曰祭風以牲頭蹄及皮破之以祭故曰磔郭氏曰今俗當大道中磔狗云以止風此其象云雨升者無文何氏更有所見蓋慮其雨多祭使上升故祭雨曰升明上求沈是祭川也。注燎者取至燎之。解云上天燎之文其七躰者即少牢之肩臂臑肫胳正脊脡脊橫脊短脅長脅代脅之屬也

觸石而出膚寸而合

側手為膚案指為寸言其觸石理而出無有膚寸而不合。膚寸方于反側手為膚按指為寸

不崇朝而徧雨乎天下者

崇重也不重朝言一朝也。崇朝如字注同兩手拊反又如字崇重直龍反下同

唯泰山爾。河海潤于千里

亦能通氣致雨潤澤及于千里韓詩傳曰湯時大旱使人禱于山川是也郊望非一獨祭三者魯郊非禮故獨祭其大者

猶者何通可以已也

已止

何以書

譏不郊而望祭也

譏尊者不食而卑者獨食書者惡失禮也魯至是郊者僖公賢君欲尊明其先祖之功德不就廢之譏者春秋不見事不書皆從事舉可知也不告言不從者明已意汲汲欲郊而上不從爾所以見事鬼神當加精誠

。秋七月。冬杞伯姬來求婦其言來求婦何兄弟辭也其稱婦何有姑之辭也

書者無出道也

。秋圍衞。十有二月衞遷于帝丘

月者惡大國遷至小國就鄭堅固人衆遷徙畏人故惡之也

三十有一年春王正月。夏四月己丑鄭伯接卒

不書葬者殺大夫申侯也君殺大夫皆就葬別有罪無罪唯內無罪公之道不可去葬故從殺時別之。按二傳作捷別有彼列反下同去起呂反

【疏】注君殺至無罪。解云正謂大夫有罪則書其君葬若其大夫無罪

[illegible]

[illegible]

三[illegible]百一分[illegible]五[illegible]

[illegible]

則去其君葬以見惡○注唯内至別之○解云正其別之者
即有罪不日上二十八年春公子買戍衛不卒戍刺之是也
若其無罪則書日即成十六年十有二月乙酉刺公子偃是也○衛人侵狄○秋衛
人及狄盟不地者起因上侵就狄盟也復出衛人者嫌與内微者同也言及者時出不得狄君也称人而言及則知狄盟者卑○復扶又反○冬十有二月己卯晉侯重
耳卒○重直龍反
三十有三年春王二月秦人入滑○齊侯使
國歸父來聘○夏四月辛巳晉人及姜戎敗
秦于殽其謂之秦何據敗者称師未得師称人○殽本又作肴户交反或户高反
（疏）注據敗至称人○解云即莊二十八年春王三月甲寅齊人伐衛衛人及齊人戰衛人敗績傳云敗者称師衛
何以不称師何氏云據桓十三年己巳燕人戰敗績称師傳
云未得乎師也何氏云未得成列爲師也然則燕人敗績称

師衛人未得師称人今此称國故難之夷狄之也曷爲夷狄之據俱見敗秦
伯將襲鄭輕行疾至不戒以入曰襲○輕遣政反百里子與蹇叔
子諫曰千里而襲人未有不亡者也行疾不假塗變必生
道遠多險阻遭變必亡○蹇紀輦反秦伯怒曰若爾之年者宰上之
木拱矣宰冢也拱可以手對抱○拱九勇反以手對抱（疏）注宰冢也○解云正以穀梁傳云子之冢木已拱矣范氏云拱合抱未知同異如何也爾曷知師出百里子與蹇
叔子送其子而戒之曰爾即死必於殽之嶔
巖是文王之所辟風雨者也其處險阻隘勢一人可要百故文王過之
驅馳常若辟風雨襲鄭所當由也○嶔若廉反鄒誕生諸詮之音上林賦亦同徐音欽韋昭漢書音義去瞻反又本或作
嶔同若五銜反韋音巖處昌慮反隘於賣反要一遥反傳要之同吾將尸爾焉在殽曰尸在殽

白摳子揖師而行揖其父於師中介胄不拜爲其拜如蹲○胄直文反爲于僞反蹲音存疏注介胄不拜○解云出曲禮上篇彼文蹲作蔓字少儀亦云介者不拜鄭注云軍中之拜肅拜是也百里子與蹇叔子從其子而哭之秦伯怒曰爾曷爲哭吾師對曰臣非敢哭君師哭臣之子也言恐臣先死子不見臣故先哭之弦高者鄭商也鄭商賈人○賈音古遇之殽矯以鄭伯之命而犒師焉詐稱曰矯犒勞也見其軍行非常不似君子恐見虜掠故生意矯君命勞之○矯以居表反犒苦報反勞也勞力報反下同掠音亮或曰往矣或曰反矣軍中語也時以爲鄭實使弦高犒之或以爲鄭伯已知將見襲必設備不如還或曰縮出當遂往之然而晉人與姜戎要之殽而擊之匹馬隻輪無反者鈌然上議猶豫留住之頃也匹馬一馬也隻踦也皆喻盡○隻輪如字一本又作易輕董仲舒云車皆不

大二百十四 小五百廿七 公九十二 二十三 王榮

還故不得易輪轍隻踦居宜反一本作易踦其言及姜戎何據秦人白狄不言及吳子主會也疏注及吳子主會也○解云即黃池傳云吳何以稱子吳主會吳主會則曷爲先言晉侯不與夷狄之主中國也姜戎微也故絕言及稱人亦微者也何言乎姜戎之微據邢人狄人伐衛不言及先軫也先軫晉大夫也言姜戎微則知稱人者尊或曰襄公親之以既賊文危文公葬疏注以既至公葬○解云即下經云癸巳葬晉文公是也何者隱三年傳云當時而不日正也當時而日危不得葬也今此文公去年十二月薨至今年四月正合葬而書其日故云危文公葬襄公親之則其稱人何據桓十三年衛侯背殯用兵不稱人疏注據桓十三年至稱人○解云即桓十三年二月公會紀侯鄭伯已巳及齊侯宋公衛侯燕人戰云云是也知彼衛侯背殯用兵者即以桓十二年十一月丙戌衛侯晉卒至十三年二月乃葬衛宣公然則二月葬先君二月而已出戰故知背殯明矣貶曷爲貶據背殯用兵君在乎殯而用師危

危不得葬也與衛迫齊宋異故惡不子也。惡不烏路反下同疏注與衛至宋異。解云即彼注云背殯用兵而月不危之者衛弱於齊宋不從亦有危故量力不責是也詐戰不日此

何以日據不言敗績外詐戰文也詐卒也齊人語也。卒七忽反盡也惡者不仁。癸

巳葬晉文公。狄侵齊。公伐邾婁取叢取邑不致者得意可知例。取叢才工反二傳作取訾樓疏取叢。解云有作鄒字者。取邑至知例。解云公與二國以上用兵之時得意致會不得意致伐若與一國及獨出用兵之時得意不致不得意致伐今此取邑例皆不致不別得意者既言取邑得意明矣何勞別之。秋公子遂帥師伐邾婁。晉

人敗狄于箕不月者略微者與夷狄也疏注不月至狄也。解云以隱六年注云戰例時偏戰日詐戰月今此不月故解之。冬十月公如齊月者善公念齊恩及子孫疏注月者至子孫。解云正以朝聘例時故如此解而言念齊恩及子孫者正以十年春公如齊之下注云月者僖公本齊所立桓公德衰見叛獨能念恩朝事之故善錄之十五年公如齊之下注云月者善公既能念恩尊事齊桓又合古五年一朝之義故錄之今桓公既卒能復朝齊書月故以念恩及子孫解之。十有二月公至自齊。乙巳

公薨于小寢。霣霜不殺草李梅實何以書

記異也何異爾不時也周之十二月夏之十月也易中孚記曰陰假陽威之應也旱霣霜而不殺萬物至當霣霜之時根生之物復榮不死斯陽假與陰威陰威列索故陽自霣霜而反不能殺也此禄去公室政在公子遂之應也。復扶又反索息各反疏注陰威列索。解云正謂陰威列見而散萬物矣。晉

人陳人鄭人伐許

監本春秋公羊註疏僖公卷第十二

監本春秋公羊註疏文公卷第十三 起元年盡九年

何休學

元年春王正月公即位。二月癸亥朔日有食之。是後楚世子商臣弑其君，楚滅江六，狄比侵中國。疏注是後至其君。○解云即下經云冬十月丁未楚世子商臣弑其君髡是也。○注楚滅江六。○解云即下四年秋楚人滅六是也。○注狄比侵中國。○解云即下四年夏狄侵齊，七年夏狄侵我西鄙之屬是也。

○天王使叔服來會葬。其言來會葬何？据奔喪以非禮書，歸含且賵不言來。○歸含本又作唅，戶暗反，五年經同。賵，芳鳳反。疏注据奔喪以非禮書。○解云即定十五年夏五月壬申公薨于高寢，下云邾婁子來奔喪，傳云其言來奔喪非禮也是。○注歸含至言來。○解云下五年春王正月王使榮叔歸含且賵是也。

會葬禮也。但解會葬者，明言來者常文，不為早晚施也。常事書者，文公不肯諸侯，莫肯會之，故書天子之厚以起諸侯之薄，蓋以長補短也。叔服者，王子虎也。服者字也，叔者長幼稱也。不繫王者，不以親疏錄也。不繫王子者，時天子諸侯不務求賢而專貴親親，故尤其在位子弟，剌其早任以權也。魯得言公子者，方錄異辭，故獨不言弟也。諸侯得言子弟者，一國失賢輕。○不為，于僞反，下不為同。長幼，丁丈反。稱也，尺證反。疏注但解至施也。○解云在隱元年也。○注常事書者。○解云僖公之辛在去年十二月，至今年四月葬之，是為五月而葬。叔服來會，附在葬前，適得其所，故謂之常事。常事不書，今書之，故須注解。○注文公至會之。○解云正以下七年秋八月公會諸侯晉大夫盟于扈，傳云諸侯何以不序？大夫何以不名？公失序也。公失序奈何？諸侯不可使與公盟，眣晉大夫使與公盟也。注云文公為諸侯所薄賤，不見序，故深諱為不可知之辭，是其不肯諸侯，莫肯會之之義也。○注故書至之薄。○解云言天子恩厚於文公，而經書其會葬，起諸侯之薄無恩於文公，故經不書矣。而襄三十一年冬十一月滕子來會葬，亦是常事而書之者，亦起當時更無人會，故彼注云此書者與叔服同義是也。○注蓋以長補短也。○解云謂書天子得禮，欲以補諸侯之短，令其非禮見矣。其非禮者，不相會葬是也。○注叔服至繫也。○解云知叔服為王子虎者，正以下三年夏五月王子虎卒，傳云王子虎者何？天子之大夫也。外大夫不卒

[illegible]

天王使叔服來會葬[illegible]

[illegible]疏[illegible]

元年春王正月公即位。二月癸亥日有食之。[illegible]

何休學

監本春秋公羊註疏文公卷第十三

此何以卒新使乎我也注云王子虎即叔服也新爲王者使來會葬在葬後三年中卒君子恩降於親親則加報之故卒明當有恩禮也是也○注不繫至録也○解云若繫王宜云王使王服子來會葬似若宣十五年王札子矣今不如此者春秋王見天子之厚使來會葬而已何須録其使人之親䟽乎是以不言王服子矣宣十五年王札子殺召伯毛伯傳云王札子者何長庶之號注云子者王子也天子不言子弟故變文上札繫先王以明之是其類也○注不稱至權也○解云言尤其在位子弟則知聘使與會盟之時不得稱子弟若其卒與奔循得稱之何者卒與出奔不復在位何須刺其早任以權乎即下三年夏五月王子虎卒襄三十年夏王子瑕奔晉之屬是也○注魯得至弟也○解云魯君在位公子得言之者即桓五年公子翬如齊逆女莊二年公子慶父伐於餘丘之屬是也言方録異辭者謂上異於天子下異於諸侯見其爲新王之義故曰方録異辭矣故獨不言弟也者謂尤其在位之弟若其卒與出奔不妨有之即宣十七年冬公弟叔肹卒之屬是也○注諸侯至賢輕○解云諸侯在位公子得見經者即宣二年春及鄭公子歸生戰于大棘之屬是也其諸侯在位之弟得見經者即隱七年夏齊侯使其弟年來聘桓十四年夏鄭伯使其弟語來盟之屬是也一國失賢輕

者雖是不務求賢而專貴親親要其一國失賢其罪輕故也

○夏四月丁巳葬我君僖公

○天王使毛伯來錫公命錫者何賜也命者何加我服也復發傳者嫌禮與桓公同死生異也主書者惡天子也古者三載考績三考黜陟幽明文公新即位功未足施而錫之非禮也○錫思歷反復扶又反惡烏路反

䟽錫者何○解云明始即位未有功美天子加錫異於常典故執不知問○注復發至禮也○解云莊元年王使榮叔來錫桓公命傳云錫者何賜也注云上與下之辭傳又云命者何加我服也注云增加其衣服令有異於諸侯然則若不重發即嫌惡與桓公同故復言之明有異矣彼是贈死之衣此是朝祭之服故言死生異也云云之說在莊元年

○晉侯伐衛

○叔孫得臣如京師書者與莊二十五年同知不爲喪聘書者聘爲貢職天子當得異方之物以事宗廟又欲以知君父無恙不以喪廢故不譏也如他國就不三年一譏而已○恙餘亮反

䟽注書者至譏也○解云即莊二十五年冬公子友如陳彼注云如陳者聘也內朝聘言如者尊內也書者録內所交接也

字此亦然故曰同也。○注如他至而已。○解云如他國所以合譏者正以其是吉禮又非君父之國於喪宜廢故也言就不三年一譏而已者即下二年冬公子遂如齊納幣傳云納幣不書此何以書譏何譏爾譏喪娶也娶在三年之外則何譏乎喪娶三年之內不圖婚是也言就其重者一譏而已其餘不譏從可知

衛人伐晉。

秋公孫敖會晉侯于戚○戚千寂反○

冬十月丁未楚世子商臣弒其君髡楚無大夫言世子者甚惡世子弒父之禍也不言其父言其君者君之於世子有父之親有君之尊言世子者所以明有父之親言君者所以明有君之尊又責臣子當討賊也日者夷狄子弒父忍言其日○髡苦門反左氏作頵

疏 注楚無至賊也。○解云下九年冬楚子使椒來聘傳云椒者何楚大夫也楚無大夫此何以書始有大夫也始有大夫則何以不氏許夷狄者不一而足也然則至下九年楚始有大夫則知此處未有大夫矣既無大夫其世子亦未當見故解之。○注日者至其日。○解云欲此注者正決襄三十年夏四月蔡世子般弒其君固何氏云不日者深為中國隱痛有子弒父之禍故不忍言其日是也

○公孫敖如齊書者譏喪娶吉凶不相干

二年春王二月甲子晉侯及秦師戰于彭衙秦師敗績稱秦師者惡其衆惡其將前以不用賢者之言匹馬隻輪無反者今復重師敗績而敵君不正者賤之不嫌得敵君。○衙音牙本或作牙惡烏路反將子匠反復扶又反下不復皆同重直用反

疏 注稱秦至其將。○解云正以秦于見時未有大夫則不合稱師今而稱師故解之。○注前以至敗績。○解云在僖三十三年矣。○注師敵至敵君。○解云僖二十八年夏晉侯以下及楚人戰于城濮傳云此大戰也曷為使微者子玉得臣也子玉得臣則其稱人何故大夫不敵君也然則彼是大夫嫌其與君敵故正之稱人此師者乃是秦之衆人是以不勞正之耳

○丁丑作僖公主作僖公主者何為僖公作主也為僖公廟作主也主狀正方穿中央達四方天子長尺二寸諸侯長一尺○為僖公廟于偽反下注為以為下欲為同

疏 作僖公主者何。○解云欲言是禮書而譏之欲言非禮禮有作主之事故執不知問。○為僖公

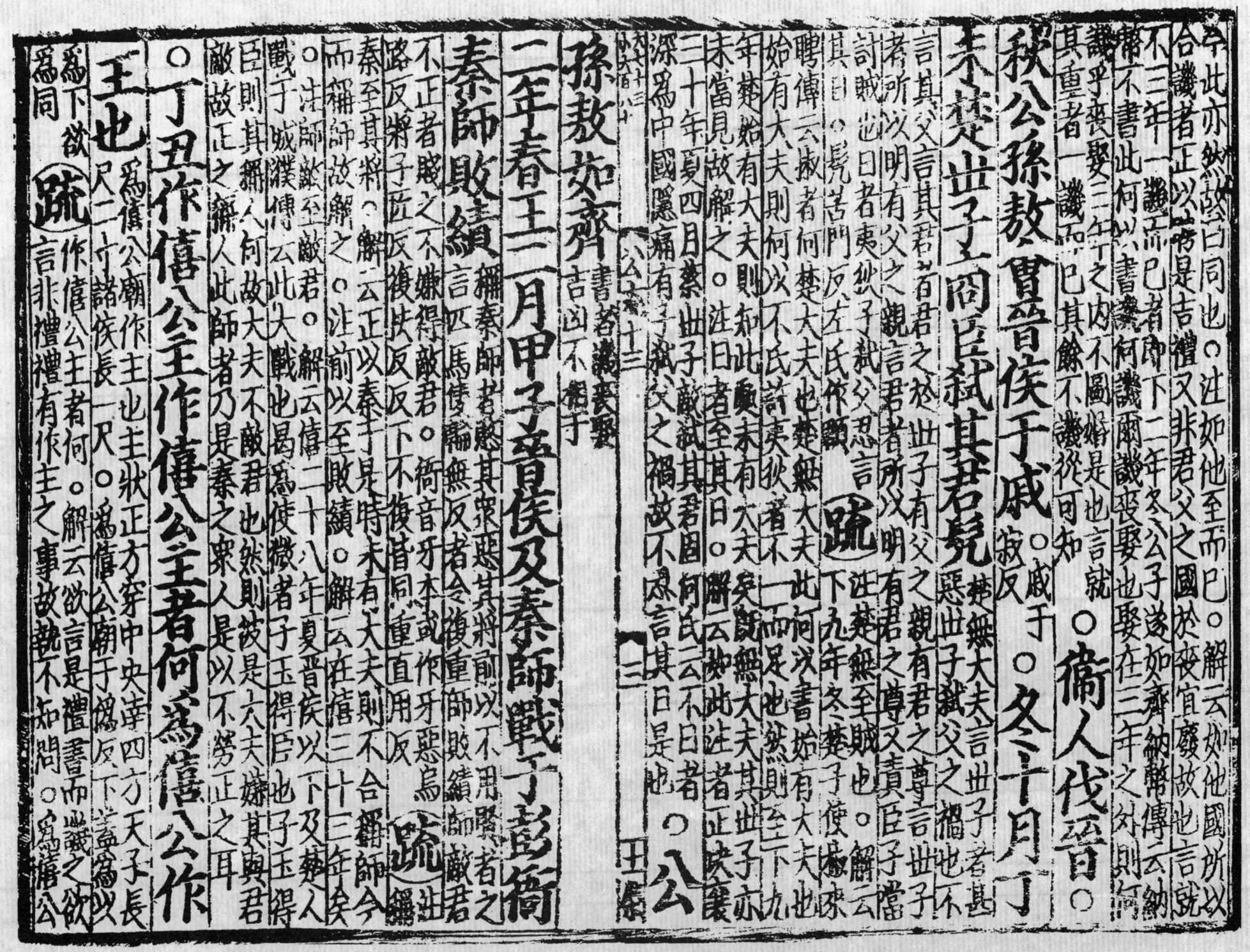

作主也。解云爲于僞反。注主狀至一尺。解云皆孝經說文也卿大夫以下正禮無主故不言之云云之說備在左氏。

主者曷用虞主用桑禮平明而葬日中而反虞以陽求陰謂之虞者親喪以下擴皇皇無所親求而虞事之虞猶安神也用桑者取其名與其麤觕所以副孝子之心禮虞祭天子九諸侯七卿大夫五士三其奠類猶吉祭。擴苦晃反又音曠麤才古反又七奴反疏注禮平至反禮。解云出檀弓與士虞記也言以陽求陰者謂以日中求神是也而鄭注士虞記云朝葬日中而虞君子舉事必用辰正也者兩相須也故鄭氏又云再虞三虞皆質明則日中而反虞者指葬日言之。注禮虞至吉祭。解云自諸侯以下雜記文其天子九虞者何氏差之耳異義左氏說亦有成文云云之說具左氏傳疏

練主用栗謂期年練祭也埋虞主於兩階之間易用栗也夏后氏以松殷人以柏周人以栗松猶容也想見其容貌而事之主人正之意也柏猶迫也親而不遠主地正之意也栗猶戰栗謹敬貌主天正之意也禮士虞記曰桑主不文吉主皆刻而諡之蓋爲禘祫時別昭穆也虞主三代同者用意尚麤觕未暇別也。期年音基三年同人正音征下同別彼列反下同疏注謂期至栗也。解云出禮記文注夏后至以栗。解云出論語也而鄭氏注云謂社主以古文論語哀公問社於宰我故也今文論語無社字是以何氏以爲廟主耳

用栗者藏主也藏于廟室中當所當奉事也質家藏于堂作僖公主何以書據作餘公主不書譏何譏爾不時也其不時奈何欲久喪而後不能也禮作練主當以十三月文公亂聖人制欲服喪三十六月十九月作練主又不能卒竟故以二十五月也日者重失禮鬼神疏注禮作至三月。解云即禮記云十三月而練是也。注日者至鬼神。解云即隱五年注云失禮鬼神例日是也

○二月乙巳

及晉處父盟此晉陽處父也何以不氏據晉陽處父伐楚救江疏注據晉至救江。解云即下三年冬晉陽處父帥師伐楚救江是也

諱與大夫盟也諱去氏者使若得其君如經言邾婁儀父矣不地者起公就於晉也日者起公盟也俱與公齊高傒不使若君處父使若君者起就其國恥不得其君故使若得其君也如晉不書不致者深諱之。去起呂反疏註諱

去至晉也。解云儀父之事在隱元年凡五公侍諸侯失爵在名字之例者但直書其名字不言其氏卽宛祭求蔡叔邾婁儀父之類是也今此處父無氏故云使若得其君矣。注曰者起公盟也。解云正以微者盟例不日故也。注俱役至者也。解云高傒之事在莊二十二年彼經云秋七月丙申及齊高傒盟于防是也。注如晉至諱之。解云正奚下一年冬公如晉十有二月己巳公及晉侯盟四年春公至自晉之文也○夏六月公孫敖會宋公陳侯鄭伯晉士縠盟于垂斂盟不日者殺其盟弒商臣雖不能誅猶當絕疾惡故也褒與信辭也不如平丘兩年會盟諱錄之者前至即盟會禮不成○縠戶木反垂斂左氏作垂隴（疏）盟于垂斂者左氏作垂隴○注雖不能誅○解云正以其討惡逆乃是會義之高者若能誅之理褒書見昭四年經書執齊慶封殺之然今無其經故知不能誅也○注不如平至不成○解云即昭十三年公會劉子晉侯以下于平丘八月甲戌同盟于平丘是也○自十有二月不雨至于秋七月何以書記異也以不言旱大旱以災書此亦旱也曷為以異書大旱之日短而云災一云言也言有災（疏）大旱以災書○解云即僖二十一年經書夏大旱傳云何以書記災也是也故以災書此不雨之日長而無災故以異書也此祿去公室政在公子遂之所致也不就莊三十一年發傳者此最甚事著（疏）注不就至事著○解云莊三十一年冬不雨傳云何以書記災也然則彼一時不雨是以不得發傳云不雨之日長此則歷四時故言最甚事著也○八月丁卯大事于大廟躋僖公大事者何大祫也以言大與有事異又從僖八年禘數之知為大祫○大廟音太下太祖皆同躋子兮反升也本又作隮同祫音洽大祭禘數大帝反下所主反（疏）大事者何○解云欲言大祭無禘祫之文欲言時祭而經書大事執不知問○注以言至事異○解云宣八年夏六月辛巳有事于大廟彼是時祭不言大則知此言大者是大祭明矣○注又從僖至大祫解云春秋說文云三年一祫五年一禘禘亦祫一云禘大祭也孫氏云禘五年大祭也然則三年一祫五年一禘禘亂如然也案

僖八年秋七月禘於太廟從此以後三年一祫數則十一年祫十四年祫十七年祫二十年祫二十三年祫二十六年祫二十九年祫三十二年祫文二年祫也若作五年一禘數則從僖公八年禘十三年禘十八年禘二十三年禘二十八年禘三十三年禘文五年禘則文二年非禘年正當合祫故知此年大事為祫矣是以注云又從僖八年禘數之知為大祫也若然從僖八年禘數之則十一年祫十三年禘隨次而下至僖二十三年并為禘祫何得下傳云五年而再殷祭者蓋為其初時三年作祫五年作禘大判言之得言五年而再殷祭其間三五參差隨次而下何妨或有同年時乎知非祫與禘相因而數為三年五年者若從僖八年禘十一年祫十六年禘十九年祫數之至僖三十二年禘文公二年祫亦相當但於五年而再殷祭之言不合故不得然

大祫者何合祭也其合祭奈何毀廟之主陳于大祖毀廟謂親過高祖毀其廟藏其主于大祖廟中禮取其廟室笮以為死者炊沐大祖周公之廟陳者就陳列大祖前大祖東鄉昭南鄉穆北鄉其餘孫從王父父曰昭子曰穆昭取其鄉明穆取其北面尚敬○笮側白反炊沐昌垂反下音木東鄉許亮反下同

【疏】太祫者何○解云正以祫小于

禘而文加大故執不知問○注禮取至炊沐○解云出禮記文**未毀廟之主皆升合食于大祖**自外來曰升**五年而再殷祭**殷盛也謂三年祫五年禘禘所以異於祫者功臣皆祭也祫猶合也禘猶諦也審諦無所遺失禮天子特禘特祫諸侯禘則不礿祫則不嘗大夫有賜於君然後祫其高祖○禘音帝礿羊略反

【疏】注禘所以至皆祭也○解云出禮記與春秋說文○注禮天至特祫解云禮記及春秋說文即不主禘祫是也○注諸侯至不嘗解云即禮記王制所云夏禘則不礿秋祫則不嘗是也○注大夫至高祖○解云正以於禮不得故也

躋者何升也何言乎升僖公據禘于大廟不道所升

【疏】躋者何○解云先君昭穆自有常次今而言躋故執不知問○注據禘至所升○解云即僖八年秋七月禘于大廟用致夫人是也

譏何譏爾逆祀也其逆祀奈何先禰而後祖也升謂西上禮昭穆指父子近取法春秋惠公與莊公當同南面西上隱桓與閔僖亦當同北面西上繼閔者在下文公緣僖公於閔公為庶兄置僖公於閔公上失先後之義故譏之傳

曰後祖者僖公以臣繼閔公猶子繼父故閔公於文公亦猶祖也自先君言之隱桓及閔僖各當爲兄弟顧有貴賤耳自繼代言之有父子君臣之道此恩義逆順各有所施也不言吉禘者就不三年不復譏略爲下張本○禰乃禮反〔疏〕注不言至張本○解云閔二年夏五月乙酉吉禘于莊公傳云其言吉何言吉者未可以吉也曷爲未可以吉未三年也然則吉禘于莊公在三年之內今此大事亦在三年之內是不須更言吉祫以譏之但略言大事于太廟爲下譏僖公張本而已

冬，晉人、宋人、陳人、鄭人伐秦。公子遂如齊納幣。納幣不書，此何以書？譏。何譏爾？譏喪娶也。娶在三年之外，則何譏乎喪娶？据逆在四年○喪取七住反本亦作娶同〔疏〕納幣不書○解云正以桓三年秋公子翬如齊逆女不書納幣故難之三年之內不圖婚。僖公以十二月薨至此未滿二十五月又禮先納采問名納吉乃納幣此四者皆在三年之內故云爾吉禘于莊公譏，然則曷爲不於祭焉譏？据吉禘于莊公譏始不三年大事圖婚俱不三年猶從吉禘不復譏三年之恩疾矣，疾曠非虛加之也，非虛加責之以人心爲皆有之。以人心爲皆有疾痛不忍娶以人心爲皆有之，則曷爲獨於娶焉譏？据孝子疾痛吉事皆不當爲非獨娶也娶者大吉也，合二姓之好傳之於無窮故爲大吉○好呼報反傳直專反非常吉也，與大事異其爲吉者主於己，主於己身不如祭祀尚有念先人之心以爲有人心焉者，則宜於此焉變矣。變者變慟哭泣也有人心念親者聞有欲爲己圖婚則當變慟哭泣矣況乃至于納幣成婚哉○慟杜貢反

三年，春，王正月，叔孫得臣會晉人、宋人、陳人、衛人、鄭人伐沈，沈潰。○伐沈音審國名潰戶內反○夏，五月，王

子虎卒王子虎者何天子之大夫也外大夫

不卒此何以卒據原仲也疏王子虎者何○解云欲言大夫例不書卒欲言諸侯而經

書王子故執不知問○注據原仲也○解云即莊二十七年秋公子友如陳葬原仲是也新使乎我

也王子虎即叔服也新爲王者使來會葬在葬後三年中卒君子恩隆於親親則加報之故卒明當有恩禮也尹

氏卒日此不日者在期外也名者卒從正○新使所吏反疏注尹氏至外也○解云隱三年夏四月辛卯尹氏卒

下傳云外大夫不卒此何以卒天王崩諸侯之主也何氏云

時天王崩魯隱往奔喪尹氏主儐贊諸侯與隱交接而卒恩

隆於王者則加禮録之故爲隱恩痛之日者恩録之明當有

恩禮然則彼天王崩尹氏四月卒仍在期內其恩近故書日

此則已經三年其恩殺故不日是以注云在期外○注名者

卒從正○解云隱八年夏六月己亥蔡侯考父卒八月葬蔡

宣公傳云卒從正傳氏云卒當赴告天子君前臣名故從君

臣之正義言也傳云而葬從主人何氏云至葬者有常月可

知不赴告天子故自從蔡臣子辭稱公然則此

亦從君臣之正義言之故云名者卒從正也○秦人伐

晉○秋楚人圍江○雨螽于宋雨螽者何

死而墜也以先言雨也墜隋地也不言如雨言雨螽者本飛從地上而下至地似雨充醻○雨螽于

付反下及注同音如字螽音終而隊直類反注同隋大果反上時掌反醻音紬疏雨螽者何○解云欲言是

雨而特施于螽欲言非雨而文言雨螽故執不知問○注以

先言雨也○解云正以先言雨後言螽則知死而墜者也○

注不言至充醻○解云欲道莊七年星霣如雨者本從天來

又不及地如雨不醻故云如雨此則初從地上而還至地故

不言如言其真似雨也何以書記異也外異不書此何以

書爲王者之後記異也螽猶衆也衆死而墜者群臣將爭彊相殘賊之象是

後大臣比爭鬭相殺司城驚逃子哀奔亡國家廓然無人朝

廷久空蓋由三世內娶貴近妃族禍自上下故異之云爾○

爲王于僞反近附近之近疏注是後至相殺○解云即七年夏宋人殺其大夫八年冬宋人殺其大夫是也○注

司城驚逃○解云即八年冬宋司城來奔是也○注子哀奔

亡○解云十四年秋宋子哀來奔是也○注蓋由三世內娶

解云僖二十五年及十七年傳皆云宋三世無大夫三世內娶也之屬是也○冬公如晉十有二月己巳公及晉侯盟○晉陽處父帥師伐楚救江此伐楚也其言救江何據兩之當先言救也非兩之當重出處父也生事當言遂三者皆違例知後言救江起伐楚意故問之○壹直用反

疏 注據兩至救也○解云即僖二十五年秋楚人圍陳納頓子于頓傳云何以不言遂兩之也是也必知先言救者正以江近楚遠故也○注非兩至父也○解云即僖二十八年春晉侯侵曹晉侯伐衛傳云曷為再言晉侯非兩之也是也○注生事當言遂○解云即宣元年秋楚子鄭人侵陳遂侵宋是也

爲諼也諼詐○諼許元反其爲諼奈何伐楚爲救江也救人之道當指其所之實欲救江而反伐楚以為其勢必當引圍江兵當還自救也故云爾孔子曰自古皆有死民無信不立

四年春公至自晉○夏逆婦姜于齊其謂之逆婦姜于齊何據不書逆者主名不言如齊不稱女

疏 夏逆歸姜于齊解云隱二年注云不親迎例月重録之今此書時者蓋以聚于大夫賤不可以奉宗廟故略之○注據不至稱文○解云宣元年公子遂如齊逆女之經也

略之也稱婦姜至文也逆與至共文故為畧

疏 注稱婦至為畧解云欲道遂以夫人婦姜至自齊之經還至始言婦姜今此始逆已言婦姜故云逆與至共文耳

高子曰娶乎大夫者略之也賤非所以奉宗廟故略之○不書逆者主名卑不為録使也不言如齊者大夫無國也不稱女者方以婦姜見與至共文重至也不稱夫人為致文者賤不可奉宗廟也不言氏者本當稱女女者父母辭君子不奪人之親故使從父母辭不言氏○為于偽反使所吏反見與賢遍反

疏 注不言至言氏解云莊二十七年秋公子友如陳葬原仲案彼亦是大夫無國而得言如陳者何氏云不言如陳嫌不辟國事實私行也是也

○狄侵齊○秋楚人滅江○晉侯伐秦○衛侯使甯俞來聘○冬十有一月壬寅夫人風氏薨

○寗俞乃定反下音餘【疏】衛侯使寗俞來聘○解云正本作速字故賈氏云公羊曰寗速是也

五年春王正月王使榮叔歸含且賵含者何口實也孝子所以實親口也緣生以事死不忍虛其口天子以珠諸侯以玉大夫以碧士以貝春秋之制也文家加飯以稻米○飯扶晚反【疏】含者何○解云欲言實口上下無例欲言佗物而經書含故執不知問○注天子至貝者○解云皆春秋說文故云春秋之制也○注文家加飯以稻米○解云即禮記檀弓下篇云飯用米貝弗忍虛也

其言歸含且賵何據宰咺歸兩賵不言且也連賵何之者嫌據賵言歸○咺況阮反【疏】注據宰至且也○解云即隱元年秋七月天王使宰咺來歸惠公仲子之賵是也○注連賵至言歸○解云若傳直言其言且何即嫌責此賵事亦當言歸故連言賵以辯嫌

兼之兼之非禮也且兼辭以言且知幾兼之也含言歸者時主持含來也去天者含者臣子職以至尊行至卑事失尊之義也不從含晚言來者本不當含也主書者從含也○去起呂反下同【疏】注含者臣子職○解云正以大宰掌之故也○注不從至含也○解云正以含者殯前之禮遥始行之故知晚然則宜言來以見晚而不言來者正以本不當含寗得責其晚乎○注主書至含也○解云言春秋主書此事者正欲譏其含而并言且賵者因譏之

○三月辛亥葬我小君成風成風者何僖公之母也風氏也任宿顓臾之姓○任音壬顓臾音專下音揄【疏】成風者何○解云欲言其妾經書小君欲言夫人不同夫謚故執不知問○注風氏至之姓○解云風氏謂此成風即上文風氏薨者矣知任宿等之姓者左傳文

○王使召伯來會葬去大者不及事刺比失喪禮也○夏公孫敖如晉○秦人入鄀○鄀音弱○秋楚人滅六○冬十月甲申許男業卒○【疏】秋楚人滅六○解云不月者畧夷狄滅小國也說在僖二十六年○許男業卒○解云正本作辛字

六年春葬許僖公○夏季孫行父如陳○秋

季孫行父如晉○八月乙亥晉侯讙卒○讙好官反○冬十月公子遂如晉○葬晉襄公書遂者刺公生時數如晉葬不自行非礼也礼諸侯薨使大夫弔自會葬○數所角反〈疏〉注書遂至會葬○解云晉侯生時公數如晉者即上二年十二月乙巳及晉處父盟彼下注云公如晉不書不致者深諱之三年冬公如晉之屬是也言葬不自行非礼云云者異義公羊說云襄三十年叔弓如宋葬宋共姬譏公不自行也者與此注合○晉殺其大夫陽處父○晉狐射姑出奔狄○晉殺其大夫陽處父則狐射姑曷為出奔据蔡殺其大夫公子燮蔡公子履出奔楚此非同姓恐見及○射姑音亦又音夜穀梁作夜〈疏〉注据蔡至見及○解云事在襄二十年秋彼則履是燮之同姓言恐禍及已而出奔此非同姓而亦奔故難之射姑殺也以非恐見及知其殺射姑殺則其稱國以殺何君漏言也自上言泄下曰漏○君漏力豆反泄也言泄息列反又以制反其漏言奈何君將使射姑將謂作中軍大夫○姑將子匠反下同陽處父諫曰射姑民衆不說不可使將於是廢將陽處父出射姑入君謂射姑曰陽處父言曰射姑民衆不說不可使將射姑怒出刺陽處父於朝而走明君漏言殺之當坐殺也易曰君不密則失臣臣不密則失身幾事不密則害成○不說音悅下同刺七亦反又一音七賜反〈疏〉注明君至坐殺也○解云襄公當坐則例去其葬而上文經書冬十月公子遂如晉葬晉襄公者蓋謂葬訖乃相殺不得追去葬是以穀梁傳曰襄公死處父主竟上之事夜姑使人殺之是也然則此傳雖連言之仍不妨殺之在葬後是以經書葬在殺前矣○注易曰至害成○解云上繫辭文也鄭氏云幾微也密靜也言不慎于微而以動作則禍變必成○閏月不告月猶朝于廟不告月者何不告朔也諸侯受十二

月朔政於天子藏于大祖廟每月朔朝廟使大夫南面奉天
子命君北面而受之比時使有司先告朔謹之至也受於廟
者孝子歸美先君不敢自專也言朝者緣生以事死親在朝
朝莫夕已死不敢渫鬼神故事必于朔者感月始生而朝○
大祖音泰比必利反朝朔朝上如字下直遥反渫息列反 疏 不告月者何○解云欲言朔日文不言朔欲言非朔
刺其不告故執不知問○注礼諸侯至受之○解云出玉藻
但謂礼法然非謂礼有成文○注比時至告朔○解云比時
者言比至月初之時也○注親在朝朝莫夕○解云據礼有
朝玄端夕深衣之文故也而文王世子云文王之爲世子朝
於王季日三者蓋謂越礼之高矣 曷爲不告朔 據具月也 天無是月也
閏月矣何以謂之天無是月非常月也 所在無常故無政也
猶者何通可以已也 朝者因視朔政尔無政而朝故加猶不言朝者閏月無告朔礼也不言公者内事可知 疏 猶者何○解云欲言非礼礼則有之欲言是礼而經書猶故執不知問○注不
言至可知○解云欲道下十六年夏五月公四不視朔言公矣故解之

七年春公伐邾婁○三月甲戌取須朐取邑
不日此何以日 據取叢也○朐其俱反 疏 注據取叢也○解云考諸舊本叢皆作闞
字是以昭三十二年春王正月取闞傳云闞者何邾婁之邑
也若作叢字即僖三十三年夏四月辛巳晉人及姜戎敗秦
于殽癸巳葬晉文公狄侵齊公伐邾婁取叢文承日月之下
而將取邑不日賤之非其義也且案彼叢字多作鄰字耳○
内辭也使若他人然 使若公春伐邾婁而去他人自以甲戌日取之内諱取邑然後
甚而日也今此一取而日故使若他人然所以深諱者
亳之顯不見序并爲取邑故○并爲于僞反下未注同 疏
注内再取至日也○解云即隱十年夏六月辛未取郜辛巳取
防傳云取邑不日此何以日一月而再取也何言乎一月而
再取甚之也是也若然哀二年春王二月季孫斯叔孫州仇
仲孫何忌帥師伐邾婁取漷東田及沂西田亦是再取邑而
不日者隱公之時新王始起當先自正而比取人邑小惡之
甚者書日以甚之至定哀之時以致太平内之小惡亦諱而
不書是以不書其日矣所以不全諱之者如彼注云○注今
此他人然○解云舊本然下有邪字○注惡之至邑故○解云

亳之盟在下文秋八月○遂城郚主書者甚其生事困極師衆○郚音吾○夏四月
宋公王臣卒不書葬者坐殺大夫也不日者内娶略疏注不書至夫也解云正以僖二
十四年宋公王臣即位至二十五年夏宋殺其大夫而不書葬明其坐此故也○注不日至娶略○解云正決僖九年春
王三月丁丑宋公禦說卒書丁丑故也○宋人殺其大夫何以不名
據宋殺其大夫山名疏注據宋至山名○解云即成十五年秋宋殺其大夫山是也宋三世無
大夫三世内娶也故使無大夫疏宋三至娶也○解云僖二十五年傳云宋
三世無大夫三世内娶也注云三世謂慈父王臣處臼也内娶大夫女也言無大夫者禮不臣妻之父母國内皆臣無娶
道故絶去其大夫名正其義也是也然則彼已有傳今復發之者恐大夫不書名更有佗義故明之其有佗義者即莊二
十六年夏曹殺其大夫傳云何以不名衆殺之之類是耳○戊子晉人及秦人戰
于令狐○令力丁反晉先眜以師奔秦此偏戰也何

以不言師敗績據秦師敗績○眜音蔑左氏作蔑疏晉先眜○解云左氏穀梁作先
蔑○注據秦師敗績○解云即上二年春王二月甲子晉侯及秦師戰于彭衙秦師敗績是也敵也俱無勝負
此晉先眜也其稱人何據奔無出文知先眜也貶曷爲貶
據新築之戰衞孫良夫敗績不貶疏注據新築至不貶○解云即成二年夏衞孫良夫帥師及齊師敗于新築
衞師敗績是也外也其外奈何以師外也懷持二心有功欲還無功便持
師出奔故於戰敗之起其以師外也本所以懷持二心者其咎亦由晉侯要以無功當誅也不起者敵而外事可知也○
咎其九反疏注不起至知也○解云言所以不申作文起見晉侯要無功當誅之義者以其可知故也何
以不言出據楚囊瓦俱戰而奔言出疏注據楚至言出○解云即定四年冬蔡侯以吴子及
楚人戰于伯莒楚師敗績楚囊瓦出奔鄭也以此言之則令狐非晉地伯莒為楚地亦明矣遂在外也
起其生事成於竟外從竟外去狄侵我西鄙○秋八月公會諸

殺司城驚逃子[redacted]之主或不知所任朝廷父空故但舉官[redacted]事也大夫相殺例皆時疏注子哀奔亡○解云即下十四年宋子哀來奔是也○注大夫相殺例皆是○解云正以此經及下九年晉人殺其大夫先都晉人殺其大夫士穀之屬皆不別書日月故也知彼此是大夫相殺之經者正以下十六年傳云大夫相殺稱人矣

九年春毛伯來求金毛伯者何天子之大夫也何以不稱使据南季稱使疏毛伯者何○解云欲言諸侯經不書朝欲言大夫又不言使故執不知問○注据南季稱使解云即隱九年春天王使南季來聘是當喪未君也時王新有三年喪疏注時王新有三年喪○解云即去年八月天王崩是也踰年矣何以謂之未君据崩在八年踰年當即位即位矣而未稱王也未稱王何以知其即位以諸侯之踰年即位亦知天子之踰年即位也俱繼體其禮不得異以天子三年然後稱王亦知諸侯於其封內三年稱子也各信恩於其下○信音申踰年稱公矣則曷爲於其封內三年稱子緣民臣之心不可一日無君緣終始之義一年不二君故君薨稱子某既葬稱子明繼體以繫民臣之心疏踰年稱公解云莊二十年師解云爾故據難之不可曠年無君故踰年稱公緣孝子之心則三年不忍當也孝子三年志在思慕不忍當父位故雖即位猶於其封內三年稱子子張曰書云高宗涼闇三年不言何謂也孔子曰何必高宗古之人皆然君薨百官總己以聽冢宰三年○涼音亮又音良闇如字又音陰毛伯來求金何以書譏何譏爾王者無求求金非禮也然則是王者與据未稱王○與音餘曰非也非王者則曷爲謂之王者王者無求

曰是子也雖名為三年稱子者其實非唯繼父之位繼文王之體守

文王之法度文王之法無求而求故譏之也引文

王者文王始受命制法度○夫人姜氏如齊奔父母之喪也不言奔喪者尊內猶不言

設淫也故以致起得禮也書者大夫家危重言如齊者大夫繫國（䟽）註奔父母之喪也解云知者正以諸侯

夫人尊重既在夫家終身不反唯三年之喪乃可越竟而奔之今此夫人如齊直書不諱故知其奔父母之喪也○注故

以致起得禮也○解云正以春秋之例夫人違禮而出會者皆不致之唯此一文而書至故莊元年注云有出道乃致奔

喪致是也○注書者至危重○解云欲道夫人如齊奔父母之喪禮既許之則是常事而書之者但此夫人所適乃是大

夫之家卑于夫人有不制之義而危重之是以書也○注言如齊至繫國○解云案上四年逆婦姜之下注云不言如齊

者大夫無國也與此違者正以四年經云夏逆婦姜于齊逆至其文又不書如齊見其娶于大夫矣故不言如齊正由大

夫無國故也今此夫人仍彼婦姜一也經書如齊明知正由大夫繫國故也何者今既尊內不言奔喪若去如齊即文不

可施是以將大夫繫國書如齊矣○二月叔孫得臣如京師○辛

丑葬襄王王者不書葬此何以書不及時書

過時書重錄失時（䟽）王者不至以書○解云正以隱三年天王崩之下師作解云天子記崩不記葬

必其時也故此弟子據而難之○不及時書過時書○解云其不及時書者即宣二年十月天王崩三年正月葬匡王昭

三十二年夏四月乙丑天王崩六月叔鞅如京師葬景王之屬是也以其不及七月故書之也其過時書者上下無文唯

桓十五年三月乙未天王崩至莊三年夏五月葬桓王盖以當之○注重錄失時○解云以天下共葬一人而不如礼故

重錄之刺其失時矣我有往者則書謂使大夫往也惡文公不自往故書葬以起大夫會之日

者僖公成風之喪襄王比加禮故恩錄之所以甚責內○惡烏路反（䟽）注日者至責內○解云如此注者正以昭

二十二年六月叔鞅如京師葬景王之屬不日故也言襄王比加礼者即元年叔服來會葬五年榮叔歸含且賵召伯來

會葬之屬是也○晉人殺其大夫先都○三月夫人姜

氏至自齊出獨致者得禮故與臣子辭月者婦人危重從始至例疏注出獨至子辭○解云書致者臣子喜其脫危而致故曰與臣子辭耳○注月者至始至例○解云獨行無制恐有非禮之惡故曰危重也言從始至例者即宣元年三月遂以夫人婦姜至自齊成十四年九月僑如以大人婦姜氏至自齊之屬是也○晉人殺其大夫士穀及箕鄭父○楚人伐鄭○公子遂會晉人宋人衛人許人救鄭○夏狄侵齊○秋八月曹伯襄卒○九月癸酉地震地震者何動地也動者震之故傳先言動者喻若物之重地以曉人也疏地震者何○解云大陰沉重本無動性而書震故執不知問何以書記異也天動地靜者常也地動者象陰為陽行是時魯文公制於公子遂齊晉失道四方叛德星孛之萌自此而作故下與北斗之變所感同也不傳天下異者從王內錄可知○行下孟反孛音佩疏注孛星至同也○解云即十四年秋七月有星孛入于北斗是

也言與北斗之變所感同者即十四年注云齊晉並爭吳楚更謀競行天子之事齊宋莒魯弑其君而立之應是也○注不傳至可知○解云僖十四年秋八月辛卯沙鹿崩傳云何以書記異也外異不書此何以書為天下記異也今此地震為內錄之內為新王天下明矣故言不傳天下異者從王內錄可知○冬楚子使椒來聘椒者何楚大夫也楚無大夫此何以書始有大夫也入文公所聞世見升平法內諸夏以外夷狄也屈完子玉得臣者以起霸事此其工也聘而與大夫者本大國○椒子遥反二本作萩子小反見賢遍反疏椒者何○解云欲言大夫不言其氏欲言微者書名見經故執不知問○注入文至升平○解云知文公為所聞之世者春秋說云文宣成襄所聞之世是也言見治升平者升進也欲見其治稍稍上進而至于平也○注內諸夏外夷狄○解云即成十五年冬叔孫僑如會晉士燮以下會吳于鍾離傳云曷為殊會吳外吳也曷為外也春秋內其國而外諸夏內諸夏而外夷狄是也○注屈完至霸事○解云僖四年夏楚屈完來盟于師盟于召陵傳曰屈完者何楚大夫也何以不稱使尊屈完也曷為尊屈完以當桓公也何氏

云嗇僖使若得其君以醇霸德成王事也是也其子玉得臣者即僖二十八年夏楚殺其大夫得臣何氏云楚無大夫其言大夫者欲起上楚人本當言子玉得臣所以詳錄霸事是也然則彼二人皆是傳聞之世未合書之而書之者欲起齊桓晉文霸事故也○注此其正至大國○解云等是夷狄而舒越之屬皆無大夫而楚得有大夫者正以本是大國故入所聞之世於是見法矣

始有大夫則何以不氏據屈完氏許夷狄者不一而足也許與也足其氏則當純以中國禮責之嫌夷狄質薄不可卒備故且以漸○卒七忽反

○秦人來歸僖公成風之襚其言僖公成風何兼之兼之非禮也禮主于敬當各使一使所以別尊卑○襚音遂贈喪之衣服一使所吏反別彼列反下同

疏其言僖成風之襚何○解云欲言非禮禮有襚丈欲言是禮而二人并致故執不知問

曷爲不言及成風據及者別公夫人尊卑文也連成風者但問尊卑體當絕非欲上成風使及僖公○上時掌反文如字

疏注據及至卑文也○解云即僖十一年夏公及夫人姜氏會齊侯于陽穀是也

成風尊也不可使卑及尊也母尊序在下者明婦人有三從之義少繫父既嫁繫夫夫死繫子○少詩召反

葬曹共公○共音恭

監本附音春秋公羊註疏卷第十二